A-Z SOUTHEND ON-SEA

o Maps

Reference

A Road	A13	**Residential Walkway**	**Cycle Route** Selected	
Under Construction		**Railway** Level Crossing / Station	**Fire Station**	■
Proposed			**Hospital**	Ⓗ
B Road	B1420	**Built Up Area** GLEN RD.	**House Numbers** A & B Roads Only	24 / 70
Dual Carriageway		**Local Authority Boundary**	**Information Centre**	🛈
One Way Street Traffic flow on A roads is indicated by a heavy line on the drivers' left	→	**Posttown Boundary**	**National Grid Reference**	595
Pedestrianized Road		**Postcode Boundary** within Posttown	**Police Station**	▲
Restricted Access		**Map Continuation** 5	**Post Office**	★
Unmade Road		**Car Park** Selected	P	**Toilet**	▽
Track & Footpath		**Church or Chapel**	†	with facilities for the Disabled	🚻

Scale

3⅓ inches (8.45 cm) to 1 mile
5.26 cm to 1km
1:19,000

0 — ¼ — ½ — ¾ Mile

0 — 250 — 500 — 750 Metres — 1 Kilometre

Copyright of Geographers' A-Z Map Company Limited

Head Office : Fairfield Road, Borough Green, Sevenoaks, Kent TN15 8PP Tel: 01732 781000
Showrooms : 44 Gray's Inn Road, London WC1X 8HX Tel: 0171 242 9246

Based upon the Ordnance Survey mapping with the permission of the Controller of Her Majesty's Stationery Office

© 1999 EDITION 3   © Crown Copyright (399000)

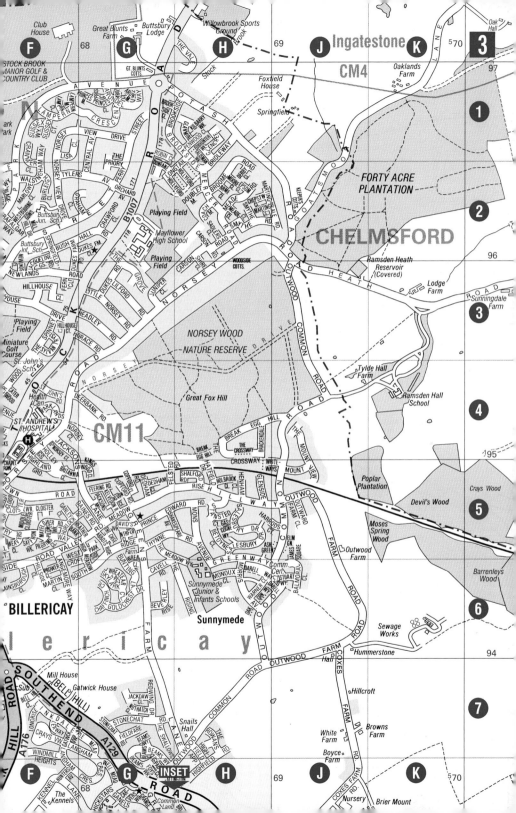

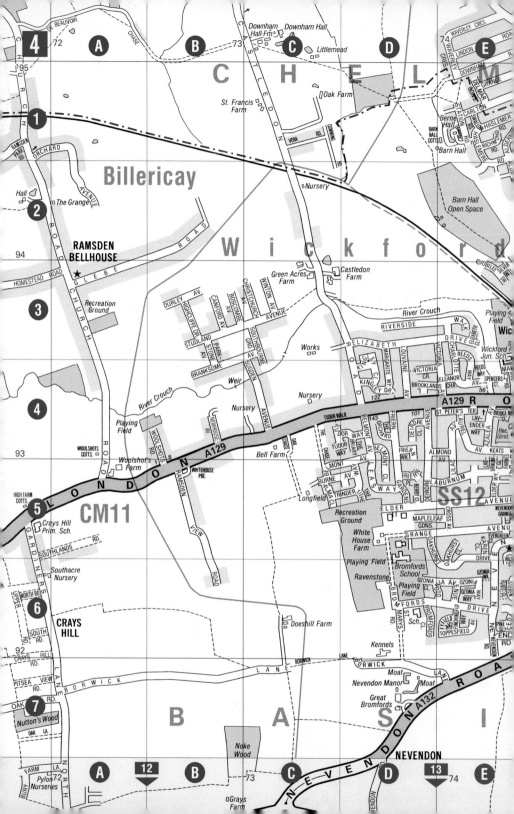

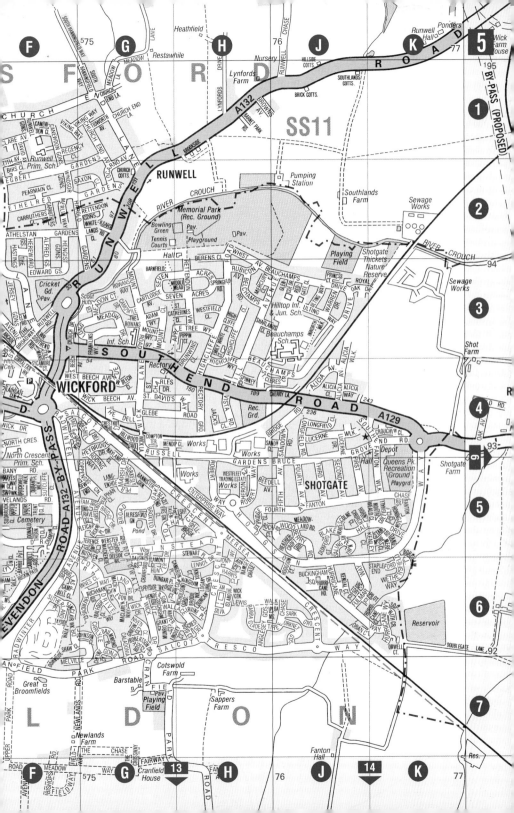

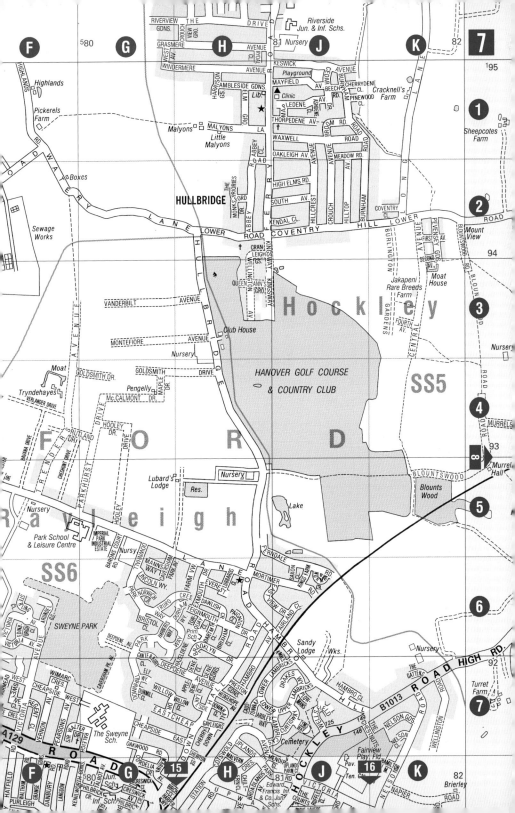

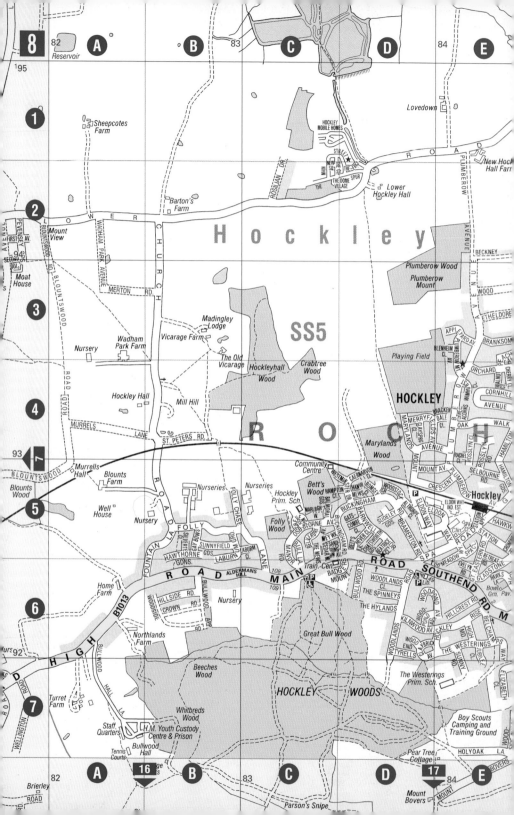

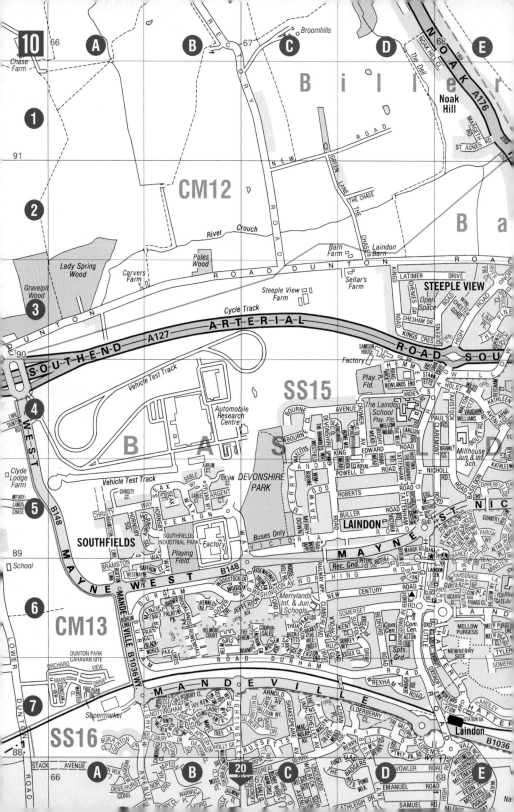

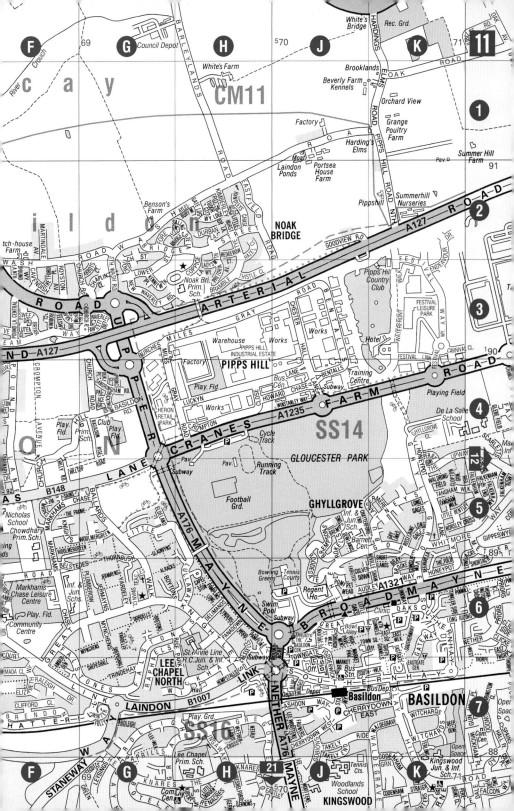

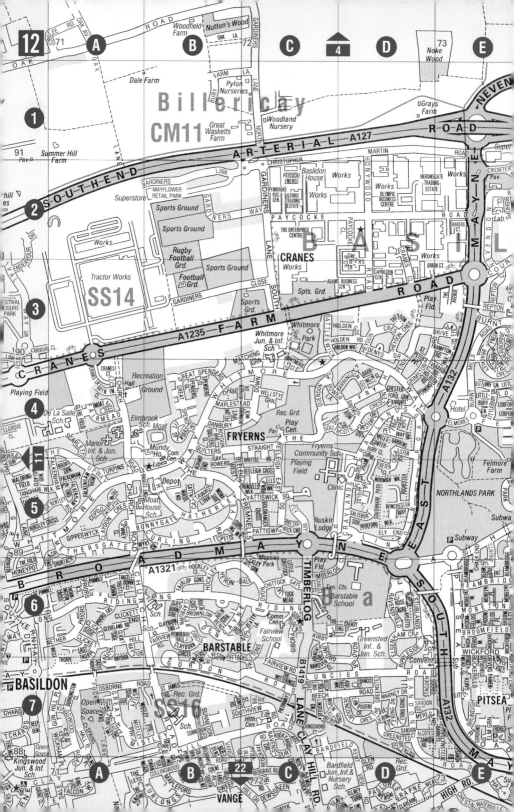

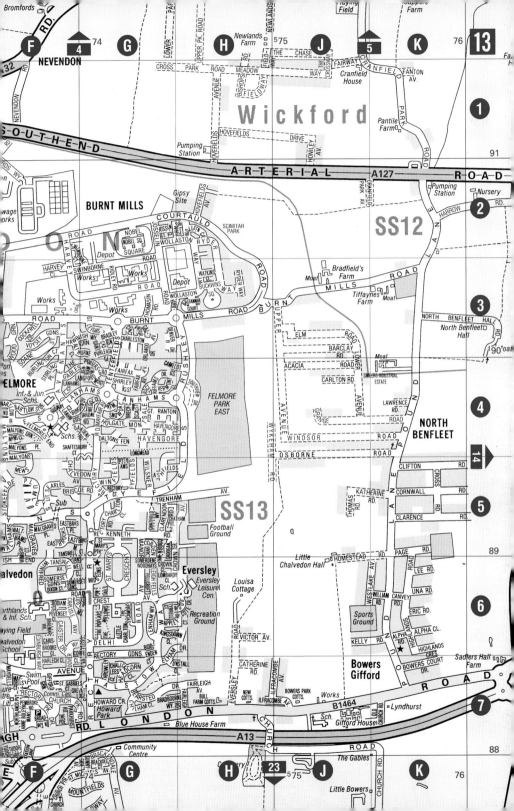

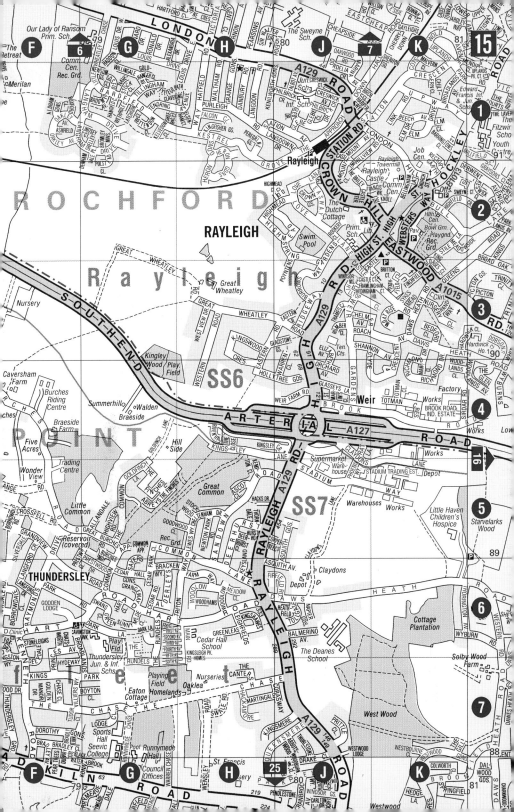

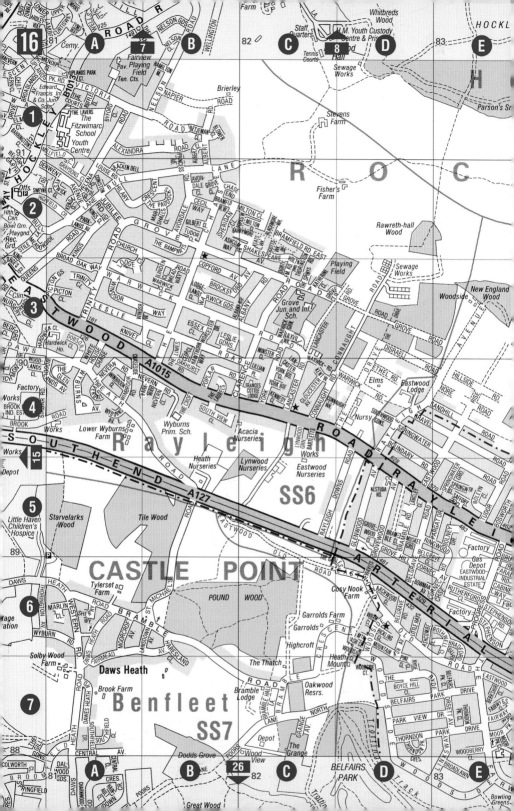

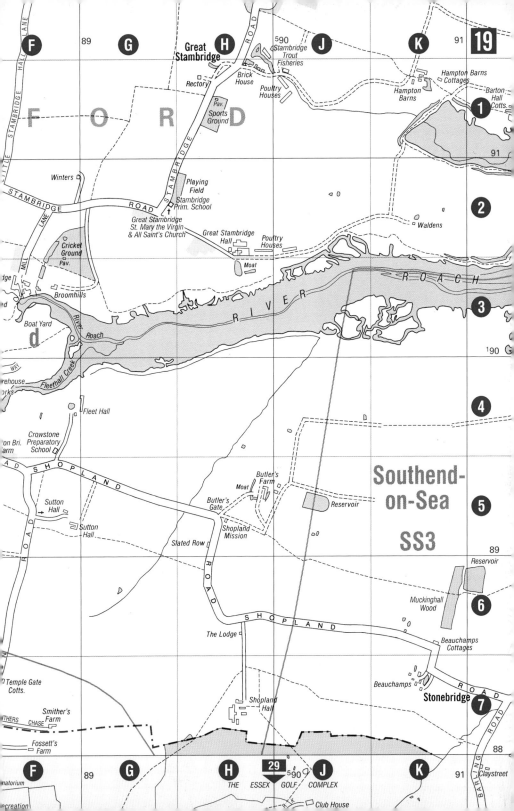

F O R D

Stambridge Trout Fisheries

Rectory

Brick House

Poultry Houses

Pav. Sports Ground

Hampton Barns Cottages

Hampton Barns

Barton Hall Cotts.

1

91

Winters

STAMBRIDGE ROAD

Playing Field

Stambridge Prim. School

Great Stambridge St. Mary the Virgin & All Saint's Church

Great Stambridge Hall

Poultry Houses

Waldens

2

Cricket Ground Pav.

Broomhills

Moat

R O A C H

3

RIVER

Boat Yard

d

River Roach

Fleethall Creek

rehouse

orks

190 G

WAY

Fleet Hall

4

Crowstone Preparatory School

on Bri. arm

SHOPLAND

Butler's Farm

Moat

Southend-on-Sea

Sutton Hall

Butler's Gate

Reservoir

5

Sutton Hall

Shopland Mission

SS3

ROAD

Slated Row

89

Reservoir

The Lodge

SHOPLAND

Muckinghall Wood

6

Temple Gate Cotts.

Beauchamps Cottages

Smither's Farm

Shopland Hall

Beauchamps

Stonebridge

7

THERS CHASE

BARLING ROAD

Claystreet

Fossett's Farm

88

natorium

creation

THE ESSEX GOLF COMPLEX

Club House

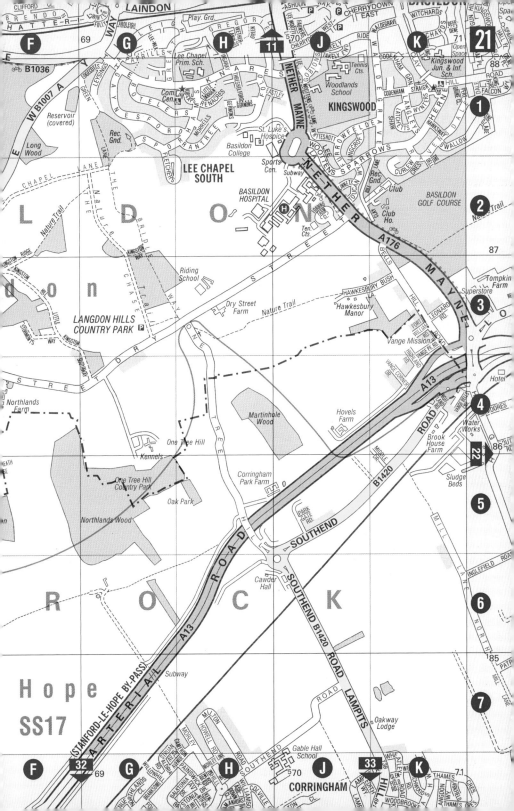

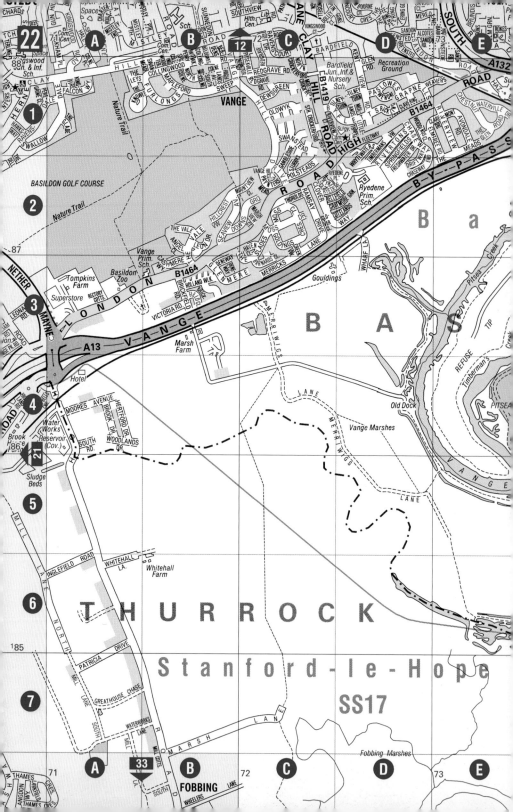

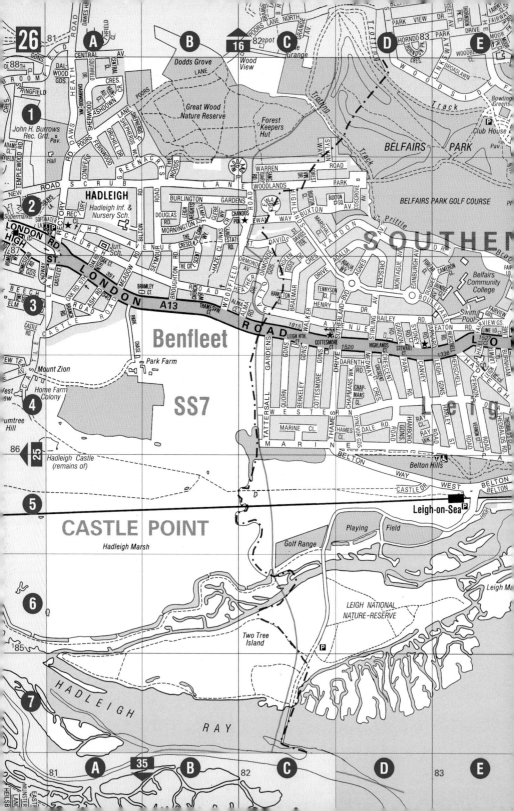

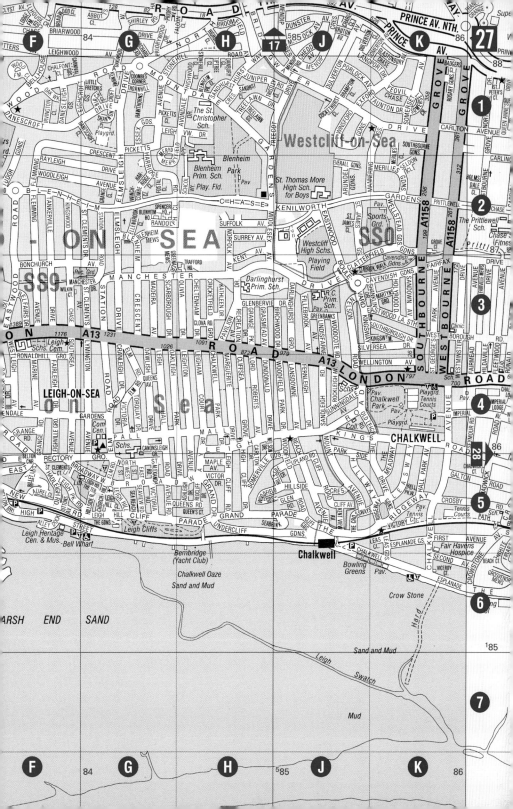

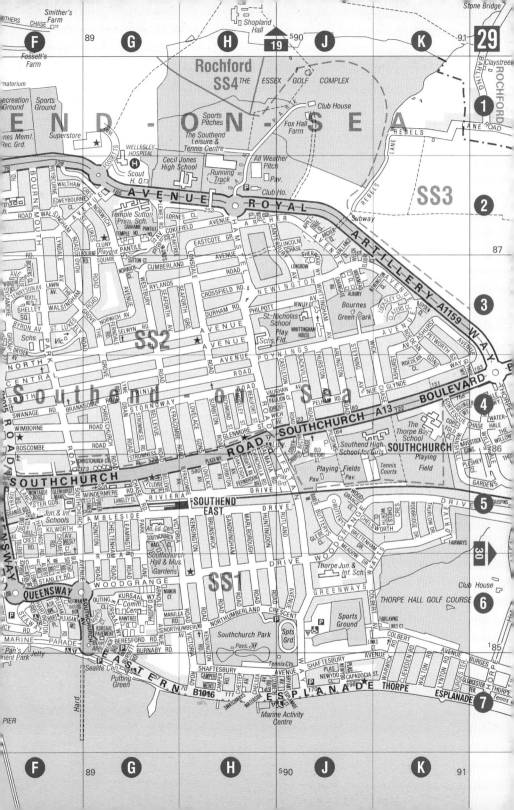

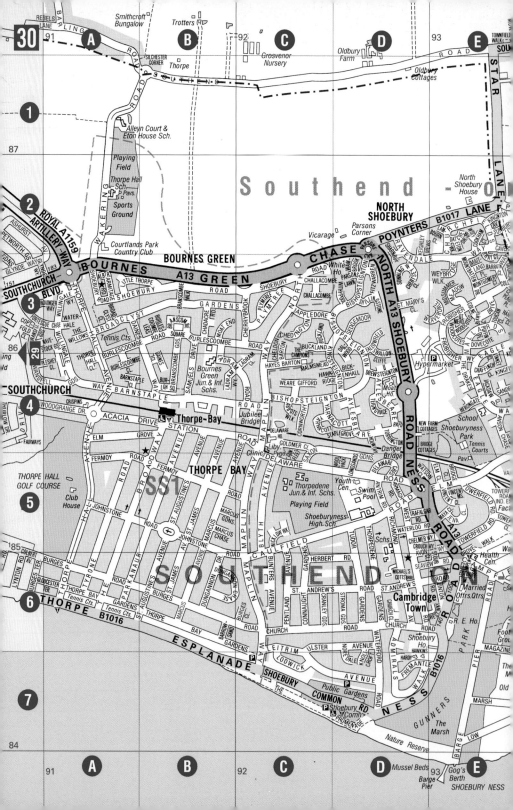

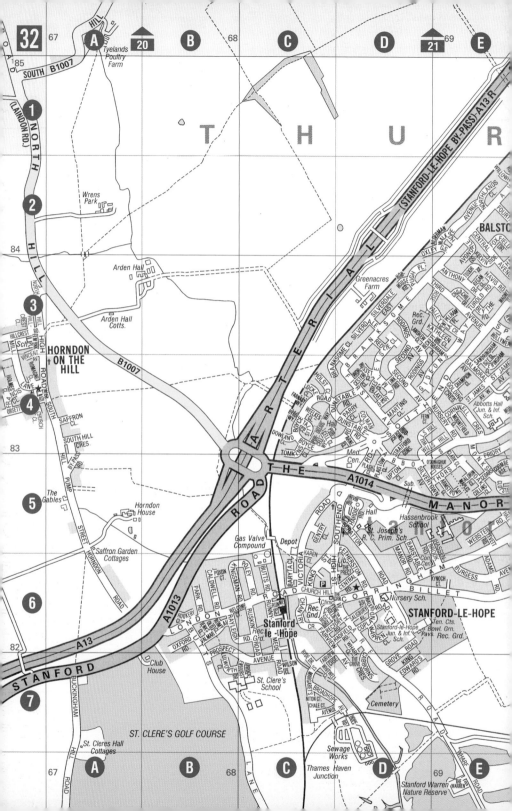

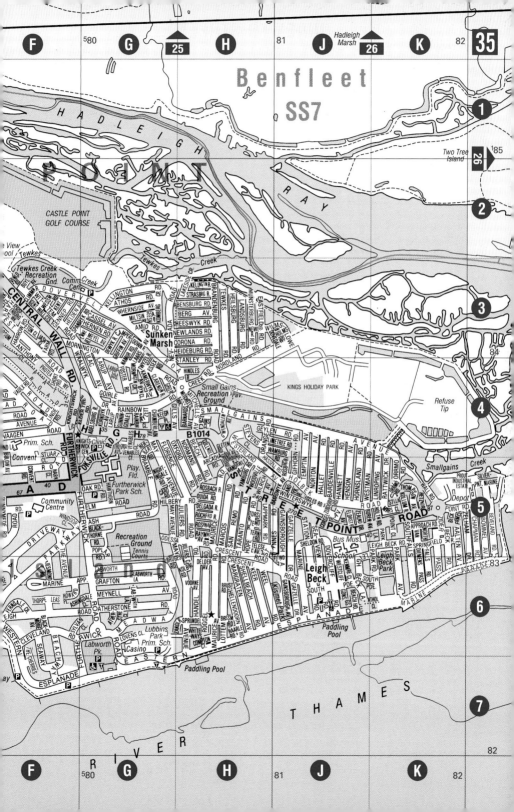

INDEX TO STREETS

Including Industrial Estates and a selection of Subsidiary Addresses.

HOW TO USE THIS INDEX

1. Each street name is followed by its Posttown or Postal Locality and then by its map reference; e.g. Abbey Rd. *Bill* —6D **2** is in the Billericay Posttown and is to be found in square 6D on page **2**. The page number being shown in bold type.
   A strict alphabetical order is followed in which Av., Rd., St., etc. (though abbreviated) are read in full and as part of the street name; e.g. Abbeyfield Ho. appears after Abbey Clo. but before Abbey Rd.

2. Streets and a selection of Subsidiary names not shown on the Maps, appear in the index in *Italics* with the thoroughfare to which it is connected shown in brackets; e.g. *Afflets Ct. Bas* —4A **12** (off Moat Field)

GENERAL ABBREVIATIONS

All : Alley	Clo : Close	Junct : Junction	Rd : Road
App : Approach	Comn : Common	La : Lane	Shop : Shopping
Arc : Arcade	Cotts : Cottages	Lit : Little	S : South
Av : Avenue	Ct : Court	Lwr : Lower	Sq : Square
Bk : Back	Cres : Crescent	Mnr : Manor	Sta : Station
Boulevd : Boulevard	Dri : Drive	Mans : Mansions	St : Street
Bri : Bridge	E : East	Mkt : Market	Ter : Terrace
B'way : Broadway	Embkmt : Embankment	M : Mews	Trad : Trading
Bldgs : Buildings	Est : Estate	Mt : Mount	Up : Upper
Bus : Business	Gdns : Gardens	N : North	Vs : Villas
Cvn : Caravan	Ga : Gate	Pal : Palace	Wlk : Walk
Cen : Centre	Gt : Great	Pde : Parade	W : West
Chu : Church	Grn : Green	Pk : Park	Yd : Yard
Chyd : Churchyard	Gro : Grove	Pas : Passage	
Circ : Circle	Ho : House	Pl : Place	
Cir : Circus	Ind : Industrial	Quad : Quadrant	

POSTTOWN AND POSTAL LOCALITY ABBREVIATIONS

Bas : Basildon	*Dun* : Dunton	*Lang H* : Langdon Hills	*Shoe* : Shoeburyness
Bat : Battlesbridge	*E'wd* : Eastwood	*Lgh S* : Leigh-on-Sea	*Sth S* : Southend-on-Sea
Ben : Benfleet	*Fob* : Fobbing	*L Bur* : Little Burstead	*Sth B* : Southfields Bus. Pk.
Bill : Billericay	*Gt W* : Great Wakering	*N Ben* : North Benfleet	*Stan H* : Stanford-le-Hope
Brtwd : Brentwood	*Had* : Hadleigh	*Pits* : Pitsea	*Stock* : Stock
Bulp : Bulphan	*H'wl* : Hawkwell	*Rams B* : Ramsden Bellhouse	*Van* : Vange
Burnt M : Burnt Mills Ind. Est.	*Hock* : Hockley	*Rams H* : Ramsden Heath	*Wclf S* : Westcliff-on-Sea
Can I : Canvey Island	*Horn H* : Horndon-on-the-Hill	*Raw* : Rawreth	*W'fd* : Wickford
Corr : Corringham	*Hull* : Hullbridge	*Ray* : Rayleigh	
Cray H : Crays Hill	*Hut* : Hutton	*R'fd* : Rochford	
D'ham : Downham	*Lain* : Laindon	*Runw* : Runwell	

INDEX TO STREETS

Aalten Av. *Can I* —5K **35**
Abbey Clo. *Hull* —1H **7**
Abbeyfield Ho. *Ben* —2J **25**
Abbey Rd. *Bill* —6D **2**
Abbey Rd. *Hull* —2H **7**
Abbots Ct. *Bas* —3G **11**
Abbots Ride. *Bill* —5G **3**
Abbots Wlk. *Shoe* —4C **30**
Abbotswood. *Ben* —7J **15**
Abbotts Clo. *Lgh S* —7G **17**
Abbotts Dri. *Stan H* —5D **32**
Abbotts Hall Chase. *Stan H* —5E **32**
Abensburg Rd. *Can I* —3H **35**
Aberdeen Gdns. *Lgh S* —3C **26**
Abingdon Ct. *Bas* —3E **12**
Abreys. *Ben* —5G **15**
Acacia Dri. *Sth S* —4A **30**
Acacia Rd. *Bas* —4J **13**
Acorn Pl. *Bas* —7D **10**
Acorns, The. *Hock* —4E **8**
Acott Av. *Lgh S* —2C **26**
Acres, The. *Stan H* —5D **32**
Adalia Cres. *Lgh S* —2D **26**
Adalia Way. *Lgh S* —3D **26**
Adams Bus. Cen. *Bas* —3D **12**
Adams Glade. *R'fd* —5K **9**
Adams Pk. *W'fd* —6H **5**
Adams Rd. *Stan H* —6E **32**
Adam Way. *W'fd* —3G **5**
Adelaide Gdns. *Ben* —1D **24**
Adelsburg Rd. *Can I* —4G **35**
Admirals Wlk. *Shoe* —6D **30**
Afflets Ct. Bas —4A **12**
 (off Moat Field)

Agnes Av. *Lgh S* —3D **26**
Ailsa Rd. *Wclf S* —5A **28**
Aimes Grn. *Bas* —3G **13**
 (off Porters)
Airborne Clo. *Lgh S* —7G **17**
Airborne Ind. Est. *Lgh S*
 —7G **17**
Alan Clo. *Lgh S* —6G **17**
Alan Gro. *Lgh S* —6G **17**
Albany Av. *Wclf S* —4C **28**
Albany Rise. *Ray* —3B **16**
Albany Rd. *Ray* —3C **16**
Albany Rd. *W'fd* —5F **5**
Albert Clo. *Ray* —3B **16**
Albert Clo. *R'fd* —5J **9**
Albert Dri. *Bas* —6E **10**
Albert M. *Wclf S* —5C **28**
Albert Pl. Sth S —6G **29**
 (off Beach Rd.)
Albert Rd. *Ben* —6B **14**
Albert Rd. *Ray* —1B **16**
Albert Rd. *R'fd* —5J **9**
Albert Rd. *Sth S* —3A **30**
 (Armitage Rd.)
Albert Rd. *Sth S* —6F **29**
 (York Rd.)
Albion Ct. *Bill* —6E **2**
Albion Rd. *Ben* —1C **24**
Albion Rd. *Wclf S* —4C **28**
Albury. *Sth S* —3J **29**
Albyns. *Bas* —1E **20**
Alcotes. *Bas* —7D **12**
Alder Clo. *Lain* —3E **10**
Alderleys. *Ben* —6G **15**

Alderman's Hill. *Hock* —6B **8**
Alderman Wlk. *Stan H* —2E **32**
Alderney Gdns. *W'fd* —1E **4**
Alderwood Way. *Ben* —2J **25**
Aldham Gdns. *Ray* —1F **15**
Aldria Rd. *Stan H* —2E **32**
Aldrin Clo. *Stan H* —5E **32**
Aldrin Way. *Lgh S* —6J **17**
Alexander Rd. *Bas* —2D **20**
 (in two parts)
Alexandra Ct. *Sth S* —6D **28**
 (Alexandra Rd.)
Alexandra Ct. *Sth S* —4D **28**
 (Baxter Av.)
Alexandra Rd. *Ben* —3D **24**
Alexandra Rd. *Gt W* —1G **31**
Alexandra Rd. *Lgh S* —5G **27**
Alexandra Rd. *Ray* —1A **16**
Alexandra Rd. *R'fd* —4J **9**
Alexandra Rd. *Sth S* —6D **28**
Alexandra St. *Sth S* —6E **28**
Alexandria Dri. *Ray* —7E **6**
Alfred Gdns. *W'fd* —2F **5**
Alicia Av. *W'fd* —4J **5**
Alicia Clo. *W'fd* —4J **5**
Alicia Wlk. *W'fd* —3J **5**
Alicia Way. *W'fd* —4J **5**
Allandale. *Ben* —5G **15**
Allensway. *Stan H* —4F **33**
Allerton Clo. *R'fd* —5J **9**
Alley Dock. *Lgh S* —5F **27**
Alleyn Pl. *Wclf S* —4B **28**
Allington Ct. *Bill* —6A **2**
Alliston Way. *Stan H* —4F **33**

Alma Clo. *Ben* —3B **26**
Alma Clo. *W'fd* —5C **4**
Alma Rd. *Ben* —3C **26**
Almere. *Ben* —1D **24**
Almond Av. *W'fd* —4E **4**
Almond Wlk. *Can I* —4D **34**
Alnwick Clo. *Lain* —7B **10**
Alp Ct. *Gt W* —1G **31**
Alpha Clo. *Bas* —6K **13**
Alpha Rd. *Bas* —6K **13**
Alracks. *Bas* —6G **11**
Alresford Grn. *W'fd* —5G **5**
Altar Pl. *Lain* —5E **10**
Althorne Clo. *Bas* —3F **13**
Althorpe Clo. *Hock* —5D **8**
Alton Gdns. *Sth S* —7C **18**
Alyssum Wlk. *Bill* —2D **2**
Amberden. *Bas* —7F **11**
Ambleside Dri. *Sth S* —5G **29**
Ambleside Gdns. *Hull* —1H **7**
Ambleside Wlk. *Can I* —4D **34**
Ameland Rd. *Can I* —2E **34**
Amelia Blackwell Ho. *Can I* —5C **34**
 (off Link Rd.)
Amersham Av. *Bas* —7B **10**
Amid Rd. *Can I* —3G **35**
Ampers End. *Bas* —7B **12**
Anchorage, The. *Gt W* —1H **31**
Anders Fall. *Lgh S* —6J **17**
Andersons. *Stan H* —5F **33**
Andrew Clo. *Stan H* —3D **32**
Andyk Rd. *Can I* —5J **35**
Anerley Rd. *Wclf S* —5B **28**
Angel Clo. *Bas* —2B **22**

Anglesey Gdns. *W'fd* —6H **5**
Anne Boleyn Dri. *R'fd* —5D **18**
Anson Chase. *Shoe* —4E **30**
Anstey Clo. *Lgh S* —5F **17**
Anthony Clo. *Bill* —7B **2**
Anthony Clo. *Can I* —3F **35**
Anthony Dri. *Stan H* —3E **32**
Antlers. *Can I* —6D **34**
Antrim Rd. *Shoe* —5D **30**
Anvil Way. *Bill* —2F **3**
Apeldoorn. *Ben* —5B **14**
Appleby Dri. *Lain* —7B **10**
Appledene Clo. *Ray* —7H **7**
Appledore. *Shoe* —3C **30**
Appleford Ct. *Bas* —6G **13**
Applerow. *Lgh S* —6H **17**
Appleton Rd. *Ben* —2B **24**
Appletree Clo. *Sth S* —2J **29**
Apple Tree Way. *W'fd* —3H **5**
Appleyard Av. *Hock* —3E **8**
Approach Rd. *Can I* —5K **35**
Approach Rd. *Cray H* —6A **4**
Approach, The. *Ray* —1J **15**
Aragon Clo. *Sth S* —1C **28**
Arcade, The. *W'fd* —3F **5**
Arcadian Gdns. *Ben* —1J **25**
Arcadia Rd. *Can I* —5H **35**
Archer Av. *Sth S* —2H **29**
Archer Clo. *Sth S* —2J **29**
Archer Rd. *Bas* —4D **10**
Archers Clo. *Bill* —7E **2**
Archers Fields. *Bas* —3F **13**
Archibald Ter. *Bas* —5D **10**
Ardleigh. *Bas* —7G **11**
Ardley Way. *Ray* —7H **7**
Argent Ct. *Lain* —5B **10**
Argyll Ho. *Wclf S* —6B **28**
Argyll Rd. *Wclf S* —5B **28**
Arjan Way. *Can I* —5A **34**
Ark La. *R'fd* —3H **17**
Arlington Rd. *Sth S* —4J **29**
Arlington Way. *Bill* —2D **2**
Armada Clo. *Lain* —7F **11**
Armadale. *Can I* —3D **34**
Armagh Rd. *Shoe* —5D **30**
Armath Pl. *Lang H* —2B **20**
Armitage Rd. *Sth S* —3A **30**
Armstrong Clo. *Stan H* —5E **32**
Armstrong Rd. *Ben* —5D **14**
Arne Clo. *Stan H* —4D **32**
Arne Ct. *Bas* —4E **10**
Arne M. Bas —4E **10**
(off Basildon Dri.)
Arnold Av. *Bas* —7C **10**
Arnold Av. *Sth S* —6G **29**
Arnolds Way. *R'fd* —4K **9**
Arran Ct. *W'fd* —6H **5**
Arterial Rd. *Stan H* —4C **32**
Arundel Clo. *Bill* —1G **3**
Arundel Dri. *Corr* —3G **33**
Arundel Gdns. *Ray* —6F **7**
Arundel Gdns. *Wclf S* —2J **27**
Arundel M. *Bill* —1G **3**
Arundel Rd. *Ben* —5B **14**
Arundel Rd. *R'fd* —2J **9**
Arundel Way. *Bill* —1G **3**
Ascot Clo. *Ben* —5H **15**
Ashanti Clo. *Shoe* —4F **31**
Ashburnham Rd. *Sth S* —5D **28**
Ashcombe. *R'fd* —1B **18**
Ashcombe Clo. *Lgh S* —6D **16**
Ashcombe Way. *Ray* —2B **16**
Ash Ct. *Shoe* —6F **31**
Ashdene Clo. *Hull* —1J **7**
Ashdon Way. *Bas* —7J **11**
Ashdown Clo. *Corr* —2F **33**
Ashdown Cres. *Ben* —1A **26**
Ashfield. *Ray* —1F **15**
Ashfields. *Pits* —5G **13**
Ash Grn. *Bill* —5H **3**
Ashingdale Clo. *Can I* —6F **35**

Ashingdon Rd. *Hock & R'fd*
—2H **9**
Ashleigh Clo. *Can I* —2E **34**
Ashleigh Ct. *Can I* —2E **34**
Ashleigh Dri. *Lgh S* —5H **27**
Ashley Clo. *Corr* —3G **33**
Ashlyns. *Bas* —5E **12**
Ash Rd. *Ben* —3A **26**
Ash Rd. *Can I* —5G **35**
Ash Tree Wlk. *Bas* —7D **12**
Ashurst Av. *Sth S* —4K **29**
Ash Wlk. *Sth S* —6F **29**
Ashway. *Corr* —2H **33**
Ash Way. *Hock* —3E **8**
Ashworths. *Can I* —2E **34**
Ashworths. *R'fd* —5J **9**
Aspen Clo. *Can I* —4C **34**
Aspen Ct. *Lain* —3E **10**
Asquith Av. *Ben* —6H **15**
Asquith Gdns. *Ben* —5J **15**
Assandune Clo. *R'fd* —4K **9**
Aston Rd. *Bas* —6D **10**
Athelstan Gdns. *W'fd* —2F **5**
Atherstone Clo. *Can I* —6G **35**
Atherstone Rd. *Can I* —6G **35**
Athol Clo. *Can I* —6K **35**
Athos Rd. *Can I* —3G **35**
Atridge Chase. *Bill* —3E **2**
Audleys Clo. *Sth S* —7C **18**
Audley Way. *Bas* —6J **11**
Aurum Ct. *Lain* —5B **10**
Avebury Rd. *Wclf S* —4C **28**
Avenue Rd. *Ben* —2E **24**
Avenue Rd. *Lgh S* —5G **27**
Avenue Rd. *Stan H* —5J **21**
Avenue Rd. *Wclf S* —5D **28**
Avenue Ter. *Wclf S* —5C **28**
Avenue, The. *Bas* —3E **12**
Avenue, The. *Ben* —2A **26**
Avenue, The. *Bill* —5D **2**
Avenue, The. *Can I* —6F **35**
Avenue, The. *Fob* —2K **33**
Aviation Way. *Sth S* —5K **17**
Avington Wlk. *Ben* —6F **15**
Avoca Ter. Wclf S —3B **28**
(off Fairfax Dri.)
Avon Clo. *R'fd* —6J **9**
Avondale Clo. *Ray* —2B **16**
Avondale Dri. *Lgh S* —1H **27**
Avondale Gdns. *Stan H* —2E **32**
Avondale Rd. *Bas* —1E **22**
Avondale Rd. *Ben* —2D **24**
Avondale Rd. *Ray* —2B **16**
Avondale Wlk. *Can I* —4C **34**
Avon Rd. *Can I* —5E **34**
Avon Way. *Shoe* —5D **30**
Avro Rd. *Sth S* —6B **18**
Aylesbeare. *Shoe* —4D **30**
Aylesbury Dri. *Lang H* —7B **10**
Aylesbury M. *Bas* —2H **11**
Aylett Clo. *Can I* —4G **35**
Ayletts. *Bas* —6D **12**
Azalea Av. *W'fd* —4E **4**

Baardwyk Av. *Can I* —5J **35**
Back La. *R'fd* —3D **18**
Badger Hall Av. *Ben* —1G **25**
Badgers Clo. *Wclf S* —1K **27**
Badgers Mt. *Hock* —6C **8**
Badgers, The. *Bas* —1C **20**
Badgers Way. *Ben* —1G **25**
Bailey Rd. *Lgh S* —3D **26**
Bailey, The. *Ray* —2J **15**
Baker Av. *Ray* —7G **7**
Bakers Ct. *Bas* —2E **12**
Balfour Clo. *W'fd* —6G **5**
Ballards Wlk. *Bas* —5G **11**
Balmerino Av. *Ben* —6J **15**
Balmoral Av. *Corr* —3G **33**
Balmoral Clo. *Bill* —6J **3**

Balmoral Gdns. *Hock* —5C **8**
Balmoral Ho. Wclf S —5C **28**
(off Balmoral Rd.)
Balmoral Rd. *Wclf S* —5C **28**
Balmoral Ter. Wclf S —3B **28**
(off Fairfax Dri.)
Balstonia Dri. *Stan H* —2F **33**
Baltic Av. *Sth S* —5E **28**
Bance Clo. *Wclf S* —2K **27**
Bannister Grn. *W'fd* —5G **5**
Banyard Way. *R'fd* —7J **9**
Barbara Av. *Can I* —5D **34**
Barbara Clo. *R'fd* —2C **18**
Barclay Rd. *Bas* —3J **13**
Bardenville Rd. *Can I* —5J **35**
Bardfield. *Bas* —7C **12**
Bardfield Way. *Ray* —1G **15**
Barge Pier Rd. *Shoe* —7E **30**
Barham M. *Sth S* —3A **30**
Barley Clo. *Bas* —2C **20**
Barleylands Rd. *Bill & Bas* —1H **11**
Barling Rd. *Gt W* —1K **29**
Barnaby Way. *Lain* —5F **11**
Barnard Rd. *Lgh S* —3D **26**
Barnards Av. *Can I* —4H **35**
Barnards Clo. *Bas* —3C **22**
Barncombe Clo. *Ben* —6D **14**
Barnet Pk. Rd. *Runw* —1H **5**
Barneveld Av. Can I —5J **35**
(off Winterswyk Av.)
Barnfield. *W'fd* —3G **5**
Barn Hall Cotts. *W'fd* —1D **4**
Barnstaple Clo. *Sth S* —4A **30**
Barnstaple Rd. *Sth S* —4A **30**
Barnwell Dri. *Hock* —5D **8**
Barnyard, The. *Bas* —1C **20**
Barons Ct. Rd. *Ray* —5G **7**
Barons Way. *Bas* —1D **20**
Barra Glade. *W'fd* —6H **5**
Barrie Pavement. *W'fd* —6F **5**
Barrington Clo. *Bas* —4D **12**
Barrington Clo. *Shoe* —3E **30**
Barrington Gdns. *Bas* —4D **12**
Barringtons Clo. *Ray* —1K **15**
Barrowsand. *Sth S* —6B **30**
Barrymore Wlk. *Ray* —2B **16**
Barstable Rd. *Stan H* —5D **32**
Bartletts. *Ray* —4C **16**
Bartley Clo. *Ben* —6B **14**
Bartley Rd. *Ben* —6B **14**
Bartlow End. *Bas* —4F **13**
Bartlow Side. *Bas* —4F **13**
Barton Av. *Hull* —2J **7**
Baryta. *Ben* —6C **32**
Baryta Ct. Lgh S —5G **27**
(off Rectory Gro.)
Basildon Cen., The. *Bas* —6J **11**
Basildon Dri. *Bas* —5E **10**
Basildon Rise. *Lain* —4G **11**
Basildon Rd. *Bas* —4G **11**
Bassenthwaite Rd. *Ben* —6E **14**
Batavia Rd. *Can I* —4B **34**
Battleswick. *Bas* —3C **12**
Baxter Av. *Sth S* —4D **28**
Bay Clo. *Can I* —6F **35**
Beach Av. *Lgh S* —4J **27**
Beach Ct. *Gt W* —1J **31**
Beach Ct. *Wclf S* —6A **28**
Beaches Clo. *Hock* —5G **9**
Beach Ho. Gdns. *Can I* —6J **35**
Beach Rd. *Can I* —4H **35**
Beach Rd. *Shoe* —7F **31**
Beach Rd. *Sth S* —6G **29**
Beachway. *Can I* —6F **35**
Beambridge. *Bas* —6E **12**
Beambridge Ct. *Bas* —6E **12**
Beambridge M. *Bas* —6E **12**
Beambridge Pl. *Bas* —6E **12**
Beams Clo. *Bill* —7G **3**
Beams Way. *Bill* —7G **3**
Bearsted Dri. *Pits* —7G **13**
Beatrice Av. *Can I* —4F **35**

Beatrice Clo. *Hock* —5D **8**
Beatrice Littlewood Ho. *Can I*
(off Kitkatts Rd.) —5E **34**
Beatty La. *Bas* —6C **12**
Beauchamps Dri. *W'fd* —4H **5**
Beaufort Rd. *Bill* —5D **2**
Beaufort St. *Sth S* —4H **29**
Beaver Tower. *Lgh S* —6G **17**
Beazley End. *W'fd* —5G **5**
Bebington Clo. *Bill* —4E **2**
Becket Clo. *R'fd* —5K **9**
Beckett Dri. *Stan H* —3D **32**
Becketts. *Bas* —6C **10**
Beck Farm Clo. *Can I* —5K **35**
Beckney Av. *Hock* —2E **8**
Beck Rd. *Can I* —5K **35**
Bedford Clo. *Ray* —3K **15**
Bedford Pl. *Can I* —4D **34**
Bedford Rd. *Bas* —6D **10**
Bedloes Av. *Raw* —4C **6**
Beecham Ct. *Bas* —4E **10**
Beech Av. *Ray* —1K **15**
Beechcombe. *Corr* —2H **33**
Beechcroft Rd. *Can I* —5C **34**
Beeches Rd. *Raw* —1C **6**
Beech Lodge. *Shoe* —5E **30**
Beechmont Gdns. *Sth S* —1C **28**
Beech Rd. *Bas* —7C **12**
Beech Rd. *Ben* —3A **26**
Beech Rd. *Hull* —1J **7**
Beecroft Cres. *Can I* —2E **34**
Beedell Av. *Wclf S* —4B **28**
Beedell Av. *W'fd* —5H **5**
Beehive La. *Bas* —6K **11**
Beeleigh Av. *Bas* —3E **20**
Beeleigh Clo. *Sth S* —1C **28**
Beeleigh Cross. *Bas* —5C **12**
Beeleigh E. *Bas* —4C **12**
Beeleigh W. *Bas* —5B **12**
Beke Hall Chase N. *Ray* —7C **6**
Beke Hall Chase S. *Ray* —7C **6**
Belchamps Rd. *W'fd* —3H **5**
Belchamps Way. *Hock* —6E **8**
Beldowes. *Bas* —7B **12**
Belfairs Clo. *Lgh S* —3F **27**
Belfairs Ct. Lgh S —6D **16**
(off Southend Arterial Rd.)
Belfairs Dri. *Lgh S* —3F **27**
Belfairs Pk. Clo. *Lgh S* —7E **16**
Belfairs Pk. Dri. *Lgh S* —7D **16**
Belgrave Clo. *Lgh S* —5D **16**
Belgrave Rd. *Bill* —3E **2**
Belgrave Rd. *Lgh S* —6D **16**
Bellevue Av. *Sth S* —5G **29**
Bellevue Pl. *Sth S* —5G **29**
Bellevue Rd. *Bill* —5D **2**
Bellevue Rd. *Sth S* —4G **29**
Bellfield. *Bas* —2C **22**
Bell Hill. *Bill* —7F **3**
Bell Hill Clo. *Bill* —7F **3**
Bell Ho. *Gt W* —1G **31**
Bellhouse Cres. *Lgh S* —7F **17**
Bellhouse La. *Lgh S* —1F **27**
Bellhouse Rd. *Lgh S* —7F **17**
Bellingham La. *Ray* —2K **15**
Bellmaine Av. *Corr* —3F **33**
Bells Hill Rd. *Van* —3K **21**
Belmont Av. *W'fd* —4D **4**
Belmont Clo. *W'fd* —4D **4**
Belstedes. *Bas* —6F **11**
Belton Bri. *Lgh S* —5F **27**
Belton Corner. *Lgh S* —5F **27**
Belton Gdns. *Lgh S* —5E **26**
Belton Way E. *Lgh S* —5E **26**
Belton Way W. *Lgh S* —5D **26**
Belvedere Av. *Hock* —5C **8**
Benderloch. *Can I* —4C **34**
Benfleet Pk. Rd. *Ben* —2B **24**
Benfleet Rd. *Ben* —3G **25**
Benham Wlk. *Bas* —4G **13**
Bentalls. *Bas* —3J **11**
Bentalls Clo. *Sth S* —1E **28**

Chapmans Clo. *Lgh S* —4D **26**
Chapmans Wlk. *Lgh S* —4D **26**
Charfleets Clo. *Can I* —5B **34**
Charfleets Farm Ind. Est. *Can I*
 —5B **34**
Charfleets Farm Way. *Can I*
 —5B **34**
Charfleets Ind. Est. *Can I* —5A **34**
Charfleets Rd. *Can I* —5A **34**
Charfleets Service Rd. *Can I*
 —5B **34**
Charity Farm Chase. *Bill* —4D **2**
Charles Clo. *Wclf S* —7J **17**
Charleston Av. *Bas* —3G **13**
Charleston Ct. *Bas* —3G **13**
Charlotte Av. *W'fd* —3E **4**
Charlotte M. *Sth S* —4D **28**
Charlton Clo. *Pits* —5G **13**
Charnwood Wlk. *Ben* —1A **26**
Charterhouse. *Bas* —7A **12**
Chartwell N. *Sth S* —5E **28**
 (off Victoria Plaza Shop. Cen.)
Chartwell Sq. *Sth S* —5E **28**
 (off Victoria Plaza Shop. Cen.)
Chartwell W. *Sth S* —5E **28**
 (off Victoria Plaza Shop. Cen.)
Chase Clo. *Ben* —7F **15**
Chase End. *Ray* —2B **16**
Chase Gdns. *Wclf S* —2B **28**
Chase Rd. *Corr* —4G **33**
Chase Rd. *Sth S* —5G **29**
Chaseside. *Ray* —4A **16**
Chase, The. *Bas* —2G **21**
Chase, The. *Ben* —7F **15**
Chase, The. *Bill* —5G **3**
Chase, The. *L Bur* —2D **10**
Chase, The. *Ray* —3B **16**
Chase, The. *R'fd* —4H **9**
Chase, The. *Runw* —1J **5**
Chase, The. *W'fd* —4C **4**
 (Belmont Av.)
Chase, The. *W'fd* —7G **5**
 (Fieldway)
Chaseway. *Bas* —1D **22**
Chaseway End. *Bas* —2D **22**
Chatfield Way. *Bas* —5G **13**
Chatham Pavement. *Bas* —5G **13**
Chatsworth. *Ben* —6F **15**
Chatsworth Gdns. *Hock* —5D **8**
Chatterford End. *Bas* —5J **11**
Chatton Clo. *W'fd* —6G **5**
Chaucer Ho. *Sth S* —3E **28**
Chaucer Wlk. *W'fd* —6F **5**
Cheapside E. *Ray* —7G **7**
Cheapside W. *Ray* —7E **6**
Cheddar Av. *Wclf S* —7J **17**
Chedington. *Shoe* —3C **30**
Cheldon Barton. *Sth S* —3C **30**
Chelmer Av. *Ray* —3J **15**
Chelmer Way. *Shoe* —5D **30**
Chelmsford Av. *Sth S* —4D **28**
Chelmsford Rd. *Bat* —2C **6**
Chelmwood. *Can I* —2E **34**
Chelsea Av. *Sth S* —7H **29**
Chelsworth Clo. *Sth S* —5K **29**
Chelsworth Cres. *Sth S* —5J **29**
Cheltenham Dri. *Ben* —5H **15**
Cheltenham Dri. *Lain* —3H **27**
Cheltenham Rd. *Hock* —4F **9**
Cheltenham Rd. *Sth S* —5G **29**
Chenies Dri. *Bas* —3D **10**
Chepstow Clo. *Bill* —2H **3**
Cherries, The. *Can I* —7F **35**
Cherrybrook. *Sth S* —3C **30**
Cherry Clo. *Can I* —4C **34**
Cherry Clo. *Hock* —4E **8**
Cherrydene Clo. *Hull* —1J **7**
Cherrydown. *Ray* —7H **7**
Cherrydown E. *Bas* —7J **11**
Cherrydown W. *Bas* —7J **11**
Cherry Gdns. *Bill* —3C **2**
Cherry La. *W'fd* —4J **5**

Cherrymeade. *Ben* —1G **25**
 (in two parts)
Cherry Orchard La. *R'fd* —3K **17**
 (in two parts)
Cherry Orchard Way. *Sth S*
 —5K **17**
Cherrytree Chase. *Shoe* —3J **31**
Cherrytrees. *Bill* —7D **2**
Chertsey Clo. *Shoe* —3D **30**
Chesham Dri. *Bas* —3D **10**
Cheshunt Dri. *Ray* —5F **7**
Cheshunts. *Bas* —6E **12**
Chester Av. *Sth S* —7H **29**
Chesterfield Av. *Ben* —6C **14**
Chesterfield Cres. *Sth S* —6F **17**
Chesterford Gdns. *Bas* —4D **12**
Chesterford Grn. *Bas* —4D **12**
Chester Hall La. *Bas* —3J **11**
Chester Way. *Bas* —4D **12**
Chestnut Av. *Bill* —5D **2**
Chestnut Clo. *Hock* —5F **9**
Chestnut Gro. *Ben* —1B **24**
Chestnut Gro. *Sth S* —3E **28**
Chestnut Ho. *W'fd* —4G **5**
Chestnut Rd. *Van* —1E **22**
Chestnuts, The. *Ray* —7J **7**
Chestnut Wlk. *Can I* —5C **34**
Chestnut Wlk. *Corr* —4H **33**
Chestwood Clo. *Bill* —2F **3**
Chevening Gdns. *Hock* —5C **8**
Chevers Pawen. *Bas* —7E **12**
Cheviot Ho. *Sth S* —4D **28**
Cheviot Wlk. *Sth S* —5E **28**
 (off Victoria Plaza Shop. Cen.)
Cheyne Ct. *W'fd* —6G **5**
Chichester Clo. *Bas* —4D **12**
Chichester Clo. *Can I* —6E **34**
Chichester Rd. *Sth S* —5E **28**
Chignalls, The. *Bas* —6C **10**
Chilham Clo. *Bas* —7G **13**
Chiltern App. *Can I* —4C **34**
Chiltern Clo. *Ray* —1K **15**
Chilterns, The. *Can I* —4D **34**
Chimes, The. *Ben* —1E **24**
Chinchilla Rd. *Sth S* —5H **29**
Chisholm Ct. *W'fd* —6G **5**
Chittock Ga. *Bas* —6C **12**
Chittock Mead. *Bas* —6C **12**
Chorley Clo. *Bas* —7B **10**
Christchurch Av. *W'fd* —3C **4**
Christchurch Ct. *Sth S* —5G **29**
Christchurch Rd. *Sth S* —4G **29**
Christopher Martin Rd. *Bas*
 —2C **12**
Christy Ct. *Bas* —5A **10**
Christy Way. *Lain* —5A **10**
Church Clo. *Can I* —5D **34**
Church Clo. *Horn H* —4A **32**
Church Clo. *Shoe* —6D **30**
Church Corner. *Ben* —4D **24**
Church Cotts. *W'fd* —2G **5**
Church End Av. *Runw* —1G **5**
Church End La. *Runw* —1F **5**
Churchfields. *Shoe* —2E **30**
Churchgate. *Wclf S* —4A **28**
Church Hill. *Bas* —5F **11**
Church Hill. *Lgh S* —5G **27**
Church Hill. *Pits* —1F **23**
Church Hill. *Stan H* —6C **32**
Churchill Cres. *Stan H* —3E **32**
Churchill S. *Sth S* —5E **28**
 (off Victoria Plaza Shop. Cen.)
Churchill Sq. *Sth S* —5E **28**
 (off Victoria Plaza Shop. Cen.)
Churchill W. *Sth S* —5E **28**
 (off Victoria Plaza Shop. Cen.)
Church La. *Bas* —2E **12**
Church M. *Bas* —5D **10**
Church Pde. *Can I* —4C **34**
Church Pk. Rd. *Pits* —7F **13**
Church Path. *Bas* —1F **23**
Church Rd. *Bas* —4A **12**

Church Rd. *Ben* —6B **14**
Church Rd. *Bill* —1A **4**
Church Rd. *Corr* —4H **33**
Church Rd. *Had* —2A **26**
Church Rd. *Hock* —2B **8**
Church Rd. *Lain* —3G **11**
 (in three parts)
Church Rd. *Pits* —7H **13**
Church Rd. *Raw* —4A **6**
Church Rd. *Ray* —2A **16**
Church Rd. *R'fd* —4J **9**
Church Rd. *Shoe* —6C **30**
Church Rd. *Sth S* —6E **28**
Church Rd. Residential Pk. *Corr*
 —4J **33**
Church St. *Bill* —7A **2**
Church St. *Ray* —2K **15**
Church View Rd. *Ben* —6E **14**
Church Wlk. *Bas* —6J **11**
Church Wlk. *R'fd* —3C **18**
Church Way. *Ben* —3B **26**
Clara James Cotts. Can I —5E **34**
 (off Kitkatts Rd.)
Clare Av. *W'fd* —1F **5**
Claremont Dri. *Bas* —1E **22**
Claremont Rd. *Bas* —4E **10**
Claremont Rd. *Wclf S* —4B **28**
Clarence Clo. *Ben* —1D **24**
Clarence Rd. *Bas* —5K **13**
Clarence Rd. *Ben* —2D **24**
Clarence Rd. *Corr* —3J **33**
Clarence Rd. *Ray* —4C **16**
Clarence Rd. *Sth S* —6E **28**
Clarence Rd. N. *Ben* —1D **24**
Clarence St. *Sth S* —6E **28**
Clarendon Rd. *Bas* —5G **13**
Clarendon Rd. *Can I* —4G **35**
Clarendon Rd. *Hock* —2F **9**
Clare Rd. *Ben* —6A **14**
Clark Gro. *Stan H* —2F **33**
Clark Rd. *Hock* —6E **8**
Claters Clo. *Sth S* —3K **29**
Clatterfield Gdns. *Wclf S* —3J **27**
Clavering. *Bas* —1D **22**
Clavering Ct. *Ray* —1G **15**
Claybrick Av. *Hock* —6D **8**
Clayburn Circ. *Bas* —6B **12**
Clayburn End. *Bas* —6B **12**
Clayburn Side. *Bas* —6B **12**
Claydon Cres. *Bas* —5A **12**
Claydons La. *Ben* —5J **15**
Claydons La. *Ray* —4J **15**
Clay Hill La. *Bas* —2K **21**
Clay Hill Rd. *Bas* —7K **11**
Clayspring Clo. *Hock* —4D **8**
Clements Gdns. *Hock* —5G **9**
Clements Hall La. *Hock* —5G **9**
Clements Hall Way. *H'wl* —7G **9**
Cleveland Dri. *Wclf S* —2B **28**
Cleveland Rd. *Bas* —6A **12**
Cleveland Rd. *Can I* —6F **35**
Clickett End. *Bas* —6A **12**
Clickett Hill. *Bas* —6A **12**
Clickett Side. *Bas* —6A **12**
 (in two parts)
Clieveden Rd. *Sth S* —7K **29**
Cliff Av. *Lgh S* —5J **27**
Cliff Av. *Wclf S* —4C **28**
Cliff Gdns. *Lgh S* —5J **27**
Clifford Clo. *Lain* —7F **11**
Cliff Pde. *Lgh S* —5G **27**
Cliff Rd. *Lgh S* —5J **27**
Cliffsea Gro. *Lgh S* —4H **27**
Clifftown Pde. *Sth S* —6D **28**
Clifftown Rd. *Sth S* —6E **28**
Clifton Av. *Ben* —1B **24**
Clifton Clo. *Ben* —1D **24**
Clifton Dri. *Wclf S* —6B **28**
Clifton M. *Sth S* —6E **28**
Clifton Rd. *Bas* —5K **13**
Clifton Rd. *Can I* —5F **35**
Clifton Rd. *R'fd* —4J **9**

Clifton Ter. *Sth S* —6E **28**
Clifton Wlk. *Ben* —1D **24**
Clifton Way. *Ben* —1C **24**
Climmen Rd. *Can I* —3F **35**
Clinton Rd. *Can I* —5B **34**
Clock Ho. *Lain* —6D **10**
Cloisters. *Stan H* —5E **32**
Cloisters, The. *Lain* —6E **10**
Clopton Grn. *Bas* —5K **11**
Close, The. *Ben* —5D **24**
 (High St. Benfleet)
Close, The. *Ben* —4H **15**
 (Kingsley La.)
Close, The. *Hock* —2C **8**
Clough Ho. *Wclf S* —1A **28**
Clova Rd. *Lgh S* —3H **27**
Clovelly Gdns. *W'fd* —2E **4**
Clover Clo. *Bas* —2C **22**
Clover Way. *Bas* —2C **22**
Cluny Sq. *Sth S* —2G **29**
Clusters, The. *Sth S* —4D **28**
Clyde Cres. *Ray* —4J **15**
Coach M. *Bill* —2H **3**
Coaster Steps. *Sth S* —6G **29**
 (off Kursaal Way)
Cobden Wlk. *Bas* —5G **13**
 (in two parts)
Cobham Mans. Wclf S —5A **28**
 (off Station Rd.)
Cobham Rd. *Wclf S* —6A **28**
Coburg La. *Bas* —1B **20**
Cockerell Clo. *Bas* —3F **13**
Cockethurst Clo. *Wclf S* —1J **27**
Codenham Grn. *Bas* —1K **21**
Codenham Straight. *Bas* —1K **21**
Cokefield Av. *Sth S* —2G **29**
Coker Rd. *Can I* —6B **34**
Colbert Av. *Sth S* —6K **29**
Colbourne Clo. *Stan H* —4F **33**
Colchester Clo. *Sth S* —3D **28**
Colchester Rd. *Sth S* —3D **28**
Coleman's Av. *Wclf S* —1B **28**
Coleman St. *Sth S* —4E **28**
College Way. *Sth S* —5E **28**
Collindale Clo. *Can I* —4H **35**
Collingwood. *Ben* —1E **24**
Collingwood Rd. *Bas* —1B **24**
Collingwood Ter. *Bas* —1B **22**
Collingwood Wlk. *Bas* —7B **12**
Collingwood Way. *Shoe* —3F **31**
Collins Clo. *Stan H* —5E **32**
Collins Ho. *Stan H* —3F **33**
Collins Way. *Lgh S* —6J **17**
Colman Clo. *Stan H* —4D **32**
Colne Dri. *Shoe* —3E **30**
Colne Pl. *Bas* —1A **22**
Coltishall Clo. *W'fd* —5K **5**
Colville Clo. *Corr* —2F **33**
Colville M. *Bill* —2D **2**
Colworth Clo. *Ben* —1K **25**
Comet Way. *Sth S* —6K **17**
Comet Way Ind. Est. *Sth S* —6K **17**
Commercial Rd. *Wclf S* —1B **28**
Common App. *Ben* —6G **15**
Commonhall La. *Ben* —2K **25**
Common La. *Ben* —5G **15**
Common Rd. *Gt W* —1H **31**
Common, The. *Ben* —5G **15**
Compton Ct. *Can I* —6H **35**
Compton Ter. *W'fd* —4G **5**
Compton Wlk. *Bas* —5D **10**
Concord Rd. *Can I* —3D **34**
Conifers. *Ben* —2A **26**
Coniston. *Sth S* —5J **17**
Coniston Clo. *Ray* —2A **16**
Coniston Rd. *Ben* —5E **14**
Coniston Rd. *Can I* —5E **34**
Connaught Gdns. *Shoe* —6C **30**
Connaught Rd. *Ray* —4C **16**
 (in two parts)
Connaught Wlk. *Ray* —4C **16**
Connaught Way. *Bill* —2E **2**

Conrad Rd. *Stan H* —5E **32**
Constable Way. *Shoe* —4F **31**
Constitution Hill. *Ben* —2D **24**
Convent Clo. *Lain* —6E **10**
Convent Rd. *Can I* —5F **35**
Con Way. *Ben* —2D **24**
Conway Av. *Gt W* —1G **31**
Cookham Ct. *Shoe* —2E **30**
Cooks Grn. *Bas* —3G **13**
Coombe Dri. *Bas* —4E **20**
Coombe Rise. *Stan H* —5E **32**
Coombes Clo. *Bill* —3D **2**
Coombes Corner. *Lgh S* —7G **17**
Coombes Gro. *R'fd* —2E **18**
Coombewood Dri. *Ben* —7E **14**
Coopersales. *Bas* —6C **10**
Coopers Dri. *Bill* —7A **2**
Coopers Way. *Sth S* —7E **18**
Copdoek. *Bas* —5A **12**
Copelands. *R'fd* —5K **9**
Copford. *Ray* —3B **16**
Copford Clo. *Bill* —5G **3**
Copford Rd. *Bill* —5G **3**
Copland Rd. *Stan H* —6D **32**
Coppens Grn. *W'fd* —5G **5**
Copper Beeches. *Ben* —5J **15**
Copperfield. *Bill* —7B **2**
Copperfields. *Bas* —5E **10**
Coppice La. *Bas* —3H **11**
Copse, The. *Bill* —3E **2**
Coptfold Clo. *Sth S* —4K **29**
Corasway. *Ben* —7J **15**
Cordelia Cres. *Ray* —1J **15**
Cordwainers, The. *Sth S* —7E **18**
Corfe Clo. *Pits* —7F **13**
Cornec Av. *Lgh S* —6D **16**
Cornec Chase. *Lgh S* —6E **16**
Corner Rd. *Cray H* —6A **4**
Cornflower Gdns. *Bill* —3D **2**
Cornhill Av. *Hock* —4E **8**
Cornwall Gdns. *R'fd* —6J **9**
Cornwall Rd. *Bas* —5K **13**
Cornwell Cres. *Stan H* —4E **32**
Cornworthy. *Shoe* —4C **30**
Corona Rd. *Bas* —2D **20**
Corona Rd. *Can I* —3H **35**
Coronation Clo. *Gt W* —1F **31**
Corringham Clo. *Corr* —4G **33**
Corringham Rd. *Stan H & Corr*
(in two parts)   —6D **32**
Corsel Rd. *Can I* —5J **35**
Corton Trad. Est. *Ben* —5D **14**
Cosgrove Av. *Lgh S* —2D **26**
Cossington Rd. *Wclf S* —5C **28**
Cotelands. *Bas* —2D **22**
Cotswold Av. *Ray* —1K **15**
Cotswold Rd. *Wclf S* —5B **28**
Cottages, The. *Shoe* —5F **31**
Cottage, The. *Bas* —2C **22**
(off London Rd.)
Cottesmore Clo. *Can I* —6F **35**
Cottesmore Ct. *Lgh S* —3C **26**
Cottesmore Gdns. *Lgh S* —4C **26**
Cottis Clo. *Bas* —2C **20**
Courtauld Rd. *Bas* —3E **12**
Courtlands. *Bill* —5C **2**
Courtlands. *Lgh S* —5D **16**
(off Musket Gro.)
Courtney Pk. Rd. *Bas* —7D **10**
Courts, The. *Ray* —1A **16**
Coventry Clo. *Hull* —2K **7**
Coventry Hill. *Hull* —2J **7**
Cowslip Mead. *Bas* —6K **11**
Coxbridge Ct. *Bill* —5E **2**
Coxes Clo. *Stan H* —4D **32**
Coxes Farm Rd. *Bill* —7J **3**
Craftsmans Sq. *Sth S* —7E **18**
Cranbrook Av. *Ben* —1J **25**
Cranes Clo. *Bas* —2D **12**
Cranes Ct. *Bas* —4A **12**
Cranes Farm Rd. *Bas* —4H **11**
Cranes La. *Bas* —4A **12**

Cranfield Ct. *W'fd* —3E **4**
Cranfield Pk. Av. *N Ben* —2J **13**
Cranfield Pk. Rd. *W'fd* —7F **5**
Cranleigh Dri. *Lain* —3G **27**
Cranleigh Gdns. *Hull* —2H **7**
Cranley Av. *Wclf S* —4B **28**
Cranley Gdns. *Shoe* —6C **30**
Cranley Rd. *Wclf S* —5B **28**
Cranmer Clo. *Bill* —1F **3**
Cranston Av. *Wclf S* —7B **18**
Craven Av. *Can I* —5E **34**
Craven Clo. *R'fd* —6K **9**
Crawford Chase. *W'fd* —6G **5**
Crawford Clo. *Bill* —2G **3**
Crawley Clo. *Corr* —2G **33**
Craylands. *Bas* —5D **12**
(in two parts)
Crays Hill Rd. *Cray H* —7A **4**
Crays View. *Bill* —7F **3**
Creasy Ct. *Bas* —6D **12**
Creek Rd. *Can I* —4H **35**
Creek View. *Bas* —2C **22**
Crescent Clo. *Bill* —3D **2**
Crescent Ct. *Lgh S* —4D **26**
Crescent Rd. *Ben* —3D **24**
Crescent Rd. *Bill* —3D **2**
Crescent Rd. *Can I* —5H **35**
(in two parts)
Crescent Rd. *Lgh S* —4D **26**
Crescent, The. *Ben* —2B **26**
Cressells. *Bas* —6H **11**
Crest Av. *Bas* —6G **13**
Crest, The. *Lgh S* —6F **17**
Creswick Av. *Ray* —1J **15**
Creswick Ct. *Ray* —1J **15**
Cricketers Way. *Bas* —2E **12**
Cricketfield Gro. *Lgh S* —3H **27**
Crispins. *Sth S* —4A **30**
Croft Clo. *Ben* —7C **14**
Croft Clo. *Lgh S* —1G **27**
Crofton Av. *Corr* —3F **33**
Croft Rd. *Ben* —7B **14**
Croft, The. *Ray* —4B **16**
Cromer Av. *Bas* —4D **10**
Cromer Clo. *Bas* —4D **10**
Cromer Rd. *Sth S* —5F **29**
Crompton Av. *Lain* —4F **11**
Crompton Clo. *Bas* —4H **11**
Cromwell Av. *Bill* —4E **2**
Cromwell Rd. *Hock* —5E **8**
Cromwell Rd. *Sth S* —2E **28**
Cropenburg Wlk. *Can I* —3F **35**
Crosby Rd. *Bill* —5K **27**
Cross Av. *W'fd* —5E **4**
Crossfell Rd. *Ben* —5F **15**
Crossfield Rd. *Sth S* —3H **29**
Cross Grn. *Bas* —7H **11**
Cross Pk. Rd. *W'fd* —1G **13**
Cross Rd. *Bas* —5K **13**
Cross Rd. *Ben* —2H **25**
Crossway. *Stan H* —4F **33**
Crossways. *Can I* —4C **34**
Crossways, The. *Wclf S* —5J **27**
Crossway, The. *Bill* —4H **3**
Crossway, The. *W'fd* —1J **13**
Crouch Av. *Hull* —2J **7**
Crouch Dri. *W'fd* —3F **5**
Crouchmans. *Shoe* —3F **31**
Crouchmans Av. *Gt W* —1G **31**
Crouch St. *Bas* —3G **11**
Crouchview Clo. *W'fd* —4K **5**
Crouch View Cres. *Hock* —3G **9**
Crouch View Gro. *Hull* —1H **7**
Crouch Way. *Shoe* —5D **30**
Crowborough Rd. *Sth S* —3D **28**
Crown Av. *Bas* —6G **13**
Crown Clo. *Bas* —6G **13**
Crown Gdns. *Ray* —2J **15**
Crown Hill. *Ray* —2J **15**
Crown Rd. *Bill* —5F **3**
Crown Rd. *Hock* —6B **8**

Crown Yd. *Bill* —6E **2**
Crowstone Av. *Wclf S* —6A **28**
Crowstone Clo. *Wclf S* —4B **28**
Crowstone Rd. *Wclf S* —5A **28**
Crystal Steps. *Sth S* —6G **29**
(off Beresford Rd.)
Cuckoo Corner. *Sth S* —1C **28**
Culverdown. *Bas* —6J **11**
Cumberland Av. *Ben* —2C **24**
Cumberland Av. *Sth S* —3G **29**
Cumberland Dri. *Bas* —6C **10**
Cumming Rd. *D'ham* —1C **4**
Cunningham Clo. *Shoe* —3F **31**
Cunningham Dri. *W'fd* —6H **5**
Cupid's Chase. *Gt W* —2J **31**
Curlew Cres. *Bas* —2K **21**
Curlew Dri. *Ben* —3C **24**
Curling Tye. *Bas* —5B **12**
Curling Wlk. *Bas* —5B **12**
Curtisway. *Ray* —7J **7**

Daarle Av. *Can I* —5E **34**
Daines Clo. *Sth S* —4B **30**
Daines Rd. *Bill* —5G **3**
Daines Way. *Sth S* —3A **30**
Dalen Av. *Can I* —5E **34**
Dale Rd. *Lgh S* —4D **26**
Dales, The. *R'fd* —1B **18**
Dale, The. *Ben* —1G **25**
Dalmatia Rd. *Sth S* —4H **29**
Dalmeny. *Bas* —1D **20**
Daltons Fen. *Pits* —4G **13**
Dalwood. *Shoe* —3D **30**
Dalwood Gdns. *Ben* —1A **26**
Dalys Rd. *R'fd* —2C **18**
Danacre. *Bas* —5D **10**
Danbury Clo. *Lgh S* —1H **27**
Danbury Down. *Bas* —4B **12**
Danbury Rd. *Ray* —1H **15**
Dandies Chase. *Lgh S* —5G **17**
Dandies Clo. *Lgh S* —5F **17**
Dandies Dri. *Lgh S* —5F **17**
Danes Av. *Shoe* —7F **31**
Danescroft Clo. *Lgh S* —1G **27**
Danescroft Dri. *Lgh S* —1F **27**
Danesfield. *Ben* —3B **24**
Danesleigh Gdns. *Lgh S* —1F **27**
Dane St. *Shoe* —6G **31**
Darell Way. *Bill* —6H **3**
Darenth Rd. *Lgh S* —4D **26**
Dark La. *Ben* —6G **15**
Darlinghurst Gro. *Lgh S* —3J **27**
Dartmouth Clo. *Ray* —3D **16**
Datchet Dri. *Shoe* —2E **30**
Davenants. *Bas* —4F **13**
David Av. *W'fd* —1F **5**
Davidson Gdns. *W'fd* —6G **5**
David's Wlk. *Bill* —5G **3**
Dawlish Cres. *Ray* —6H **7**
Dawlish Dri. *Lgh S* —3G **27**
Daws Heath Rd. *Ben* —6J **15**
Daws Heath Rd. *Ray* —3K **15**
Deacon Dri. *Lain* —5E **10**
Debden Grn. *Bas* —1E **20**
Dedham Clo. *Bill* —5G **3**
Dedham Rd. *Bill* —5G **3**
Deepdale. *Ben* —7F **15**
Deepdene. *Bas* —7K **11**
Deepdene Av. *Ray* —6G **7**
(in two parts)
Deeping. *Sth S* —5E **28**
Deepwater Rd. *Can I* —5C **34**
Deerbank Rd. *Bill* —4G **3**
Deerhurst. *Ben* —5H **15**
Deerhurst Clo. *Ben* —5H **15**
Deeside Wlk. *W'fd* —5G **5**
Deirdre Av. *W'fd* —5D **4**
Deirdre Clo. *W'fd* —4D **4**
Delaware Cres. *Shoe* —5D **30**
Delaware Ho. *Shoe* —4C **30**
Delaware Rd. *Shoe* —5C **30**

Delder Av. *Can I* —6H **35**
Delft Rd. *Can I* —4E **34**
Delfzul Rd. *Can I* —4E **34**
Delgada Rd. *Can I* —5H **35**
Delhi Rd. *Bas* —6G **13**
Delimands. *Bas* —6H **11**
Delius Way. *Stan H* —4C **32**
Dell, The. *Bas* —2K **21**
Dell, The. *W'fd* —4G **5**
Delmar Gdns. *W'fd* —1E **4**
Delmores. *Bas* —2E **20**
Delview. *Can I* —3D **34**
Delvins. *Bas* —4E **12**
Denbigh Rd. *Bas* —7D **10**
Dencourt Cres. *Bas* —7D **12**
Dene Clo. *Ray* —7H **7**
Dene Gdns. *Ray* —7H **7**
Denehurst Gdns. *Lang H* —1A **20**
Denesmere. *Ben* —1C **24**
Deneway. *Bas* —3B **22**
Dengayne. *Bas* —6B **12**
Denham Rd. *Can I* —4E **34**
Denham Vale. *Ray* —1G **15**
Dennis Mans. *Wclf S* —5A **28**
(off Station Rd.)
Dennison Gdns. *Bas* —1A **20**
Denton App. *Wclf S* —7A **18**
Denton Av. *Wclf S* —7A **18**
Denton Clo. *Wclf S* —7A **18**
Denver Dri. *Bas* —3G **13**
Denys Dri. *Bas* —3D **12**
Derby Clo. *Bill* —1F **3**
Derby Rd. *Lang H* —1B **20**
Derbydale. *R'fd* —5J **9**
Derek Gdns. *Sth S* —7C **18**
Dering Cres. *Lgh S* —5F **17**
Derventer Av. *Can I* —2E **34**
Derwent Av. *Ray* —2A **16**
Dessons Ct. *Corr* —3F **33**
Devereux Rd. *Sth S* —6E **28**
Devereux Way. *Bill* —6E **2**
Devon Gdns. *R'fd* —6J **9**
Devonshire Clo. *Bas* —4C **10**
Devonshire Rd. *Bas* —4C **10**
Devon Way. *Can I* —3F **35**
Dewlands. *Bas* —5J **11**
Dewsgreen. *Bas* —1C **22**
Dewyk Rd. *Can I* —3G **35**
Dickens Clo. *Sth S* —3F **29**
Dickens Ct. *Lain* —5F **11**
Dickens Dri. *Bas* —5E **10**
Digby Rd. *Corr* —2H **33**
Dinant Av. *Can I* —4C **34**
Disraeli Rd. *Ray* —3D **16**
Ditton Ct. Rd. *Wclf S* —5B **28**
Dixon Ct. *Bas* —6F **13**
Dobsons Clo. *Ray* —3A **16**
Doesgate La. *Bulp* —4A **20**
Doeshill Dri. *W'fd* —4G **5**
Doggetts Clo. *R'fd* —1D **18**
Dollant Av. *Can I* —5E **34**
Dolphin Gdns. *Bill* —2D **2**
Dolphins. *Wclf S* —7B **18**
Dome Village, The. *Hock* —2C **8**
Donald Thorn Clo. *W'fd* —5F **5**
Dorchester Rd. *Bill* —2E **2**
Dordells. *Bas* —6N **15**
Doric Av. *R'fd* —6K **9**
Dorothy Farm Rd. *Ray* —3C **16**
Dorothy Gdns. *Ben* —7F **15**
Dorset Gdns. *R'fd* —6J **9**
Dorset Way. *Bill* —2E **2**
Dorset Way. *Can I* —3E **34**
(off Hilton Rd.)
Doublegate La. *Raw* —6K **5**
Doublet M. *Bill* —7F **3**
Douglas Dri. *W'fd* —6F **5**
Douglas Rd. *Ben* —2B **26**
Doulton Way. *R'fd* —5J **9**
Dovecote. *Shoe* —3E **30**
Dovedale. *Can I* —3H **35**
Dovedale Clo. *Bas* —1C **20**

Dove Dri.—Farriers Dri.

Dove Dri. *Ben* —3B **24**
Dovercliff Rd. *Can I* —5J **35**
Dovervelt Rd. *Can I* —3F **35**
Dover Way. *Pits* —7F **13**
Dovesgate. *Ben* —1B **24**
Doves M. *Lain* —3F **11**
Dowland Clo. *Stan H* —4C **32**
Dowland Wlk. *Bas* —5E **10**
Downer Rd. *Ben* —1D **24**
Downer Rd. N. *Ben* —7E **14**
Downesway. *Ben* —2D **24**
Downey Clo. *Bas* —5A **12**
Downhall Clo. *Ray* —7H **7**
Downhall Pk. Way. *Ray* —5G **7**
Downhall Rd. *Ray* —1J **15**
Downham Rd. *Can I* —5E **34**
Downham Rd. *W'fd* —1E **4**
Downs Gro. *Bas* —2B **22**
Drake Clo. *Ben* —1J **25**
Drake Ct. Bas —7D **12**
  (off Beech Rd.)
Drake Rd. *Lain* —6F **11**
Drake Rd. *Wclf S* —5A **28**
Drakes, The. *Shoe* —4E **30**
Drakes Way. *Ray* —7J **7**
Drewsteignton. *Shoe* —4D **30**
Driftway. *Bas* —2D **22**
Drive, The. *Hull* —1H **7**
Drive, The. *Ray* —4D **16**
  (in two parts)
Drive, The. *R'fd* —2D **18**
Drive, The. *Wclf S* —4K **27**
Driveway, The. *Can I* —6F **35**
Droitwich Av. *Sth S* —4H **29**
Drummond Pl. *W'fd* —6G **5**
Dryden Av. *Sth S* —3F **29**
Dry St. *Bas* —3E **20**
Dubarry Clo. *Ben* —7F **15**
Duke Pl. *Lain* —4G **11**
Dukes Farm Clo. *Bill* —2G **3**
Dukes Farm Rd. *Bill* —3F **3**
Dukes Rd. *Bill* —3G **3**
Dulverton Av. *Wclf S* —1J **27**
Dulverton Clo. *Wclf S* —7J **17**
Dunbar Pl. *W'fd* —6G **5**
Duncan Clo. *W'fd* —6G **5**
Dundee Av. *Lgh S* —3D **26**
Dundee Clo. *Lgh S* —3E **26**
Dundonald Dri. *Lgh S* —4H **27**
Dunfane. *Bill* —2G **3**
Dungannon Chase. *Sth S* —6B **30**
Dungannon Dri. *Sth S* —6B **30**
Dunstable Rd. *Stan H* —4D **32**
Dunstan View. *Dun* —7A **10**
Dunster Av. *Wclf S* —7J **17**
Dunton Pk. Cvn. Site. *Dun* —7A **10**
Dunton Rd. *Bill & Bas* —3A **10**
Durants Wlk. *W'fd* —5F **5**
Durban La. *Bas* —2H **11**
Durdans, The. *Bas* —1D **20**
Durham Rd. *Bas* —6A **10**
Durham Rd. *R'fd* —6H **9**
Durham Rd. *Sth S* —3H **29**
Durham Wlk. *Bas* —5D **12**
Durham Way. *Ray* —6H **7**
Durley Av. *W'fd* —3B **4**
Durley Clo. *Ben* —1E **24**
Durrington Clo. *Bas* —7A **12**
Duxford. *W'fd* —5J **5**
Dyke Cres. *Can I* —4B **34**
Dynevor Gdns. *Lgh S* —4D **26**

Eagle Way. *Shoe* —3E **30**
Earleswood. *Ben* —1D **24**
Earl Mountbatten Dri. *Bill* —4D **2**
Earls Hall Av. *Sth S* —2B **28**
Earls Hall Pde. *Sth S* —1C **28**
Earlswood. *Ben* —7C **14**
E. Beach Cvn. Pk. *Shoe* —5G **31**
Eastbrooks. *Pits* —5F **13**

Eastbrooks M. *Pits* —5F **13**
Eastbrooks Pl. *Pits* —5F **13**
Eastbury Av. *R'fd* —7K **9**
Eastcheap. *Ray* —7G **7**
Eastcote Gro. *Sth S* —2H **29**
East Cres. *Can I* —4D **34**
Eastern Av. *Ben* —7C **14**
Eastern Av. *Sth S* —2E **28**
Eastern Clo. *Sth S* —2E **28**
Eastern Esplanade. *Can I* —7G **35**
Eastern Esplanade. *Sth S* —7G **29**
Eastern Rd. *Ray* —3H **15**
Eastfield Rd. *Can I* —3H **35**
Eastfield Rd. *Lain* —2H **11**
Eastgate. *Bas* —7K **11**
Eastgate Cen. *Bas* —7K **11**
Eastleigh Rd. *Ben* —4E **24**
Eastley. *Bas* —1H **21**
E. Mayne. *Bas* —5D **12**
Easton End. *Bas* —6C **10**
East Sq. *Bas* —6K **11**
East St. *Lgh S* —5G **27**
East St. *R'fd* —2D **18**
East St. *Sth S* —3D **28**
E. Thorpe. *Bas* —6A **12**
Eastview Dri. *Ray* —6H **7**
East Wlk. *Bas* —6K **11**
Eastways. *Can I* —3D **34**
Eastwood Boulevd. *Wclf S* —2J **27**
Eastwoodbury Clo. *Sth S* —6B **18**
Eastwoodbury Cotts. *Sth S*
                      —6A **18**
Eastwoodbury Cres. *Sth S* —6C **18**
Eastwoodbury La. *Sth S* —6K **17**
Eastwood Ind. Est. *Lgh S* —6E **16**
Eastwood La. S. *Wclf S* —3K **27**
Eastwood Old Rd. *Ben & Lgh S*
                      —5B **16**
Eastwood Pk. Clo. *Lgh S* —6G **17**
Eastwood Pk. Dri. *Lgh S* —5G **17**
Eastwood Rise. *Lgh S* —5D **16**
Eastwood Rd. *Lgh S* —3F **27**
Eastwood Rd. *Ray* —2K **15**
Eastwood Rd. N. *Lgh S* —1E **26**
Eaton Clo. *Bill* —2E **2**
Eaton Rd. *Lgh S* —3E **26**
Eccles Rd. *Can I* —5J **35**
Eccleston Gdns. *Bill* —2E **2**
Edgecotts. *Bas* —1G **21**
Edinburgh Av. *Corr* —2F **33**
Edinburgh Av. *Lgh S* —3D **26**
Edinburgh Clo. *Ray* —6F **7**
Edinburgh Way. *Pits* —6F **13**
Edith Clo. *Can I* —5C **34**
Edith Rd. *Can I* —5B **34**
Edith Rd. *Sth S* —3D **28**
Edith Way. *Corr* —2G **33**
Edward Clo. *Bill* —2D **2**
Edward Clo. *R'fd* —5J **9**
Edward Gdns. *W'fd* —3F **5**
Egbert Gdns. *W'fd* —2F **5**
Egerton Dri. *Lang H* —7A **10**
Eisenhower Rd. *Bas* —6C **10**
Eldbert Clo. *Sth S* —3J **29**
Eldeland. *Bas* —5G **11**
Elder Av. *W'fd* —5D **4**
Elderberry Clo. *Bas* —7D **10**
Elderstep Av. *Can I* —5J **35**
Elderton Rd. *Wclf S* —5B **28**
Elder Tree Rd. *Can I* —4G **35**
Elder Way. *W'fd* —5E **4**
Eldon Way. *Hock* —5D **8**
Eldon Way Ind. Est. *Hock* —5E **8**
Eleanor Chase. *W'fd* —4E **4**
Electric Av. *Wclf S* —4A **28**
Elgar Clo. *Bas* —4F **11**
Elgar Clo. *Ben* —6B **14**
Elham Dri. *Pits* —7G **13**
Eliot Clo. *W'fd* —6E **4**
Eliot M. *Sth S* —3F **29**
Elizabeth Av. *Ray* —3J **15**
Elizabeth Clo. *Hock* —7E **8**

Elizabeth Dri. *W'fd* —3D **4**
Elizabeth Rd. *Sth S* —7H **29**
Elizabeth Tower. Sth S —4D **28**
  (off Baxter Av.)
Elizabeth Way. *Ben* —1J **25**
Elizabeth Way. *Lain* —7F **11**
Ellenbrook Clo. *Lgh S* —2G **27**
Ellesmere Rd. *Can I* —5C **34**
Ellesmere Rd. *R'fd* —2J **9**
Ellswood. *Lain* —3F **11**
Elm Bank Pl. *Horn H* —3A **32**
Elm Clo. *Ray* —1K **15**
Elm Clo. *Shoe* —5E **30**
Elm Cotts. Wclf S —3D **28**
  (off Howards Chase)
Elm Dri. *Ray* —1K **15**
Elmer App. *Sth S* —5E **28**
Elmer Av. *Sth S* —5E **28**
Elm Grn. *Bas* —7E **12**
Elm Grn. *Bill* —5J **3**
Elm Gro. *Hull* —1H **7**
Elm Gro. *Sth S* —4A **30**
Elmhurst Av. *Ben* —1B **24**
Elm Rd. *Ben* —3K **25**
Elm Rd. *Can I* —5G **35**
Elm Rd. *Lgh S* —4G **27**
  (in two parts)
Elm Rd. *Pits* —3J **13**
Elm Rd. *Shoe* —5E **30**
Elm Rd. *W'fd* —3F **5**
Elmsleigh Dri. *Lgh S* —2G **27**
Elmstead Clo. *Corr* —2H **33**
Elmtree Rd. *Bas* —1D **22**
Elm View Rd. *Ben* —2B **24**
Elmwood Av. *Hock* —7E **8**
Elounda Ct. *Ben* —1D **24**
Elsenham Ct. *Ray* —1H **15**
Elsenham Cres. *Bas* —6D **12**
Elsinor Av. *Can I* —2D **34**
Elverston Clo. *Lain* —4F **11**
Ely End. *Bas* —5D **12**
Ely Rd. *Sth S* —3F **29**
Ely Way. *Bas* —5C **12**
Ely Way. *Ray* —7G **7**
Emanuel Rd. *Bas* —1D **20**
Embankment, The. *Hock* —2D **8**
Emily White Ct. *W'fd* —3H **5**
Endway. *Ben* —3K **25**
Enfield Rd. *W'fd* —4A **6**
Englefield Clo. *Hock* —7G **9**
Ennismore Gdns. *Sth S* —2E **28**
Enterprise Cen., The. *Bas* —2C **12**
Enterprise Way. *W'fd* —5H **5**
Epping Clo. *Lgh S* —5G **17**
Epsom Clo. *Bill* —2H **3**
Eric Rd. *Bas* —6K **13**
Erskine Pl. *W'fd* —5G **5**
Esplanade Ct. *Sth S* —7J **29**
Esplanade Gdns. *Wclf S* —5K **27**
Essex Clo. *Bas* —6D **10**
Essex Clo. *Can I* —6E **34**
Essex Clo. *Ray* —3B **16**
Essex Gdns. *Lgh S* —1G **27**
Essex Rd. *Can I* —4G **35**
Essex St. *Sth S* —5E **28**
Essex Way. *Ben* —4D **24**
Estate Rd. *Ben* —2B **24**
Estuary Gdns. *Gt W* —2J **31**
Estuary M. *Shoe* —6E **30**
Ethelbert Rd. *R'fd* —2J **9**
Etheldore Av. *Hock* —3E **8**
Ethelred Gdns. *W'fd* —2F **5**
Ethel Rd. *Ray* —4D **16**
Eton Clo. *Can I* —3F **35**
Eton Wlk. *Shoe* —2E **30**
Evelyn Rd. *Hock* —6E **8**
Everard Rd. *Bas* —4E **12**
Everest. *Ray* —6H **7**
Everest Rise. *Bill* —6D **2**
Evergreen Ct. *W'fd* —5E **4**
Eversley Ct. *Ben* —5C **14**
Eversley Rd. *Bas* —7H **13**

Eversley Rd. *Ben* —5B **14**
Ewan Clo. *Lgh S* —2C **26**
Ewan Way. *Lgh S* —2C **26**
Exeter Clo. *Bas* —5D **12**
Exeter Clo. *Shoe* —3F **31**
Exeter Ho. *Shoe* —3E **30**
Exford Av. *Wclf S* —1J **27**
Exhibition La. *Gt W* —1F **31**
Exmouth Dri. *Ray* —6H **7**
Eynsham Way. *Bas* —3E **12**

Fairfax Av. *Bas* —4G **13**
Fairfax Dri. *Wclf S* —3K **27**
Fairfield. *Gt W* —1G **31**
Fairfield Cres. *Lgh S* —5H **17**
Fairfield Gdns. *Lgh S* —6H **17**
Fairfield Rise. *Bill* —7D **2**
  (in two parts)
Fairfield Rd. *Lgh S* —5G **17**
Fairland Clo. *Ray* —6J **7**
Fairlawn Gdns. *Sth S* —7C **17**
Fairlawns. *Sth S* —6K **29**
Fairleigh Av. *Bas* —7H **13**
Fairleigh Dri. *Lgh S* —4F **27**
Fairleigh Rd. *Bas* —7H **13**
Fairlight Rd. *Ben* —2J **25**
Fairlop Av. *Can I* —4E **34**
Fairlop Gdns. *Bas* —6B **12**
Fairmead. *Bas* —4A **12**
Fairmead. *Ray* —7F **7**
Fairmead Av. *Ben* —7A **16**
Fairmead Av. *Wclf S* —4A **28**
Fairsted. *Bas* —6J **11**
Fairview. *Bill* —6E **2**
Fairview. *Can I* —3D **34**
Fairview Av. *Stan H* —6C **32**
Fairview Chase. *Stan H* —7C **32**
Fairview Clo. *Ben* —5C **14**
Fairview Cres. *Ben* —5C **14**
Fairview Dri. *Wclf S* —1A **28**
Fairview Gdns. *Lgh S* —3E **26**
Fair View Lodge. *Lgh S* —3E **26**
Fairview Rd. *Bas* —6B **12**
  (in two parts)
Fairview Wlk. *Ben* —5C **14**
Fairville M. *Wclf S* —3A **28**
Fairway. *W'fd* —1J **13**
Fairway Gdns. *Lgh S* —7E **16**
Fairway Gdns. Clo. *Lgh S* —7E **16**
Fairways. *Sth S* —5K **29**
Fairway, The. *Bas* —3E **20**
Fairway, The. *Ben* —5C **14**
Fairway, The. *Lgh S* —7E **16**
Falbro Cres. *Ben* —1K **25**
Falcon Clo. *Lgh S* —7H **17**
Falcon Clo. *Ray* —1H **15**
Falcon Way. *Bas* —1A **22**
Falcon Way. *Shoe* —3E **30**
Falkenham End. *Bas* —5A **12**
Falkenham Path. *Bas* —5A **12**
Falkenham Rise. *Bas* —5A **12**
Falkenham Row. *Bas* —5A **12**
Fallowfield. *Shoe* —3D **30**
Fallows, The. *Can I* —2D **34**
Falstones. *Bas* —6F **11**
Fambridge Dri. *W'fd* —5G **5**
Fancett Hill. *Van* —1E **22**
Fane Rd. *Ben* —4D **14**
  (in two parts)
Fanton Av. *W'fd* —1K **13**
Fanton Chase. *W'fd* —5J **5**
Fanton Gdns. *W'fd* —5K **5**
Fanton Hall Cotts. *W'fd* —2A **14**
Fanton Wlk. *W'fd* —4K **5**
Faraday Rd. *Lgh S* —6E **16**
Farm Rd. *Can I* —3F **35**
Farm View. *Ray* —6H **7**
Farm Way. *Ben* —4H **15**
Farnaby Way. *Stan H* —4C **32**
Farnes Av. *W'fd* —5E **4**
Farriers Dri. *Bill* —2E **2**

Farriers Way. *Sth S* —7D **18**
Farringdon Service Rd. *Sth S*
 —5E **28**
Fastnet. *Sth S* —5J **17**
Fauners. *Bas* —7J **11**
Fawcett Dri. *Lain* —3G **11**
Featherby Way. *R'fd* —3E **18**
Feeches Rd. *Sth S* —7A **18**
Feering Dri. *Bas* —7D **12**
Feering Grn. *Bas* —7D **12**
Feering Rd. *Bill* —5G **3**
Feering Row. *Bas* —7D **12**
Fellcroft. *Pits* —6G **13**
Felmore Ct. *Pits* —4F **13**
 (off Felmores End)
Felmores. *Bas* —4E **12**
Felmores End. *Pits* —4F **13**
Felstead Clo. *Ben* —1D **24**
Felstead Rd. *Ben* —1D **24**
Felsted Rd. *Bill* —5G **3**
Fenners Way. *Bas* —2F **13**
Fenton Way. *Bas* —5B **10**
Fenwick Way. *Can I* —2E **34**
Fermoy Rd. *Sth S* —5A **30**
Fernbank. *Bill* —6D **2**
Fernbrook Av. *Sth S* —5H **29**
Fern Clo. *Bill* —3F **3**
Fern Ct. *Stan H* —4D **32**
Ferndale Clo. *Bas* —6D **10**
Ferndale Cres. *Can I* —6F **35**
Ferndale Rd. *Ray* —5H **7**
Ferndale Rd. *Sth S* —3G **29**
Fern Hill. *Bas* —1E **20**
Fernlea Rd. *Ben* —2E **24**
Fernleigh Dri. *Lgh S* —4J **27**
Fernside Clo. *Corr* —2H **33**
Fern Wlk. *Can I* —5D **34**
Fern Wlk. *Lang H* —1A **20**
Fernwood. *Ben* —1A **26**
Ferris Steps. *Sth S* —6G **29**
 (off Prospect Clo.)
Ferrymead. *Can I* —3D **34**
Ferry Rd. *Ben* —5D **24**
Ferry Rd. *Hull* —2H **7**
Festival Leisure Pk. *Bas* —3K **11**
Fetherston Rd. *Stan H* —5D **32**
Fielders, The. *Can I* —6E **34**
Fieldfare. *Bill* —7G **3**
Fieldway. *Pits* —1G **23**
Fieldway. *W'fd* —1H **13**
Fifth Av. *Ben* —6G **15**
Fifth Av. *Can I* —4C **34**
Fifth Av. *W'fd* —5J **5**
Fillebrook Av. *Lgh S* —3J **27**
Finches Clo. *Corr* —2J **33**
Finches, The. *Ben* —5G **15**
Finchfield. *Ray* —3K **15**
Finchingfield Way. *W'fd* —6E **4**
Finchley Rd. *Wclf S* —5B **28**
Firfield Rd. *Ben* —6H **15**
Firle, The. *Bas* —2E **20**
Firmans. *Bas* —2D **20**
First Av. *Bas* —1A **20**
First Av. *Ben* —6G **15**
First Av. *Bill* —7C **2**
First Av. *Can I* —4B **34**
First Av. *Hull* —2K **7**
First Av. *Stan H* —4D **32**
First Av. *Wclf S* —5K **27**
First Av. *W'fd* —5J **5**
Firs, The. *Can I* —3D **34**
Fir Wlk. *Can I* —3D **34**
Fitzroy Clo. *Bill* —3E **2**
Fitzwarren. *Shoe* —3D **30**
Fitzwilliam Rd. *Ben* —3J **25**
Five Bells Roundabout. *Bas*
 —3K **21**
Five Oaks. *Ben* —1H **25**
Flamboro Clo. *Lgh S* —6F **17**
Flamboro Wlk. *Lgh S* —6F **17**
Fleethall Rd. *R'fd* —4E **18**
Fleet Rd. *Ben* —3D **24**

Fleetway. *Bas* —1D **22**
Fleetwood. *Can I* —6J **35**
Fleetwood Av. *Wclf S* —4A **28**
Flemings Farm Rd. *Lgh S* —4F **17**
Flemming Av. *Lgh S* —2F **27**
Flemming Cres. *Lgh S* —2F **27**
Fletcher Dri. *W'fd* —5G **5**
Fletchers. *Bas* —2G **21**
Fletchers Sq. *Sth S* —7E **18**
Flint Clo. *Lang H* —7B **10**
Florence Clo. *Ben* —2K **25**
Florence Gdns. *Ben* —2J **25**
Florence Neale Ho. *Can I* —5E **34**
 (off Kitkatts Rd.)
Florence Rd. *Can I* —4G **35**
Florence Way. *Bas* —7D **10**
Fobbing Farm Clo. *Bas* —2J **21**
Fobbing Rd. *Corr* —3H **33**
Fodderwick. *Bas* —6J **11**
Foksville Rd. *Can I* —5G **35**
Fold, The. *Bas* —6K **11**
Folly Chase. *Hock* —5B **8**
Folly La. *Hock* —5B **8**
Font Clo. *Lain* —6E **10**
Fonteyn Clo. *Bas* —4E **10**
Ford Clo. *Lain* —6C **10**
Forest Av. *Sth S* —6F **29**
Forester Ct. *Bill* —4D **2**
Forest Glade. *Lang H* —1B **20**
Fore St. *Bas* —2G **11**
Forest View Dri. *Lgh S* —2C **26**
Forfar Clo. *Bas* —3D **26**
Fortescue Chase. *Sth S* —4K **29**
Fortune Steps. *Sth S* —6G **29**
 (off Kursaal Way)
Fort William Rd. *Van* —3K **21**
Fossetts Way. *Sth S* —2G **29**
Fostal Clo. *Lgh S* —2G **27**
Foster Rd. *Can I* —4G **35**
Fountain La. *Hock* —6B **8**
Four Sisters Clo. *E'wd* —7H **17**
Four Sisters Way. *E'wd* —6H **17**
Fourth Av. *Bas* —2A **20**
Fourth Av. *Ben* —6G **15**
Fourth Av. *Hull* —3K **7**
Fourth Av. *Stan H* —2E **32**
Fourth Av. *W'fd* —5J **5**
Fourth Wlk. *Can I* —4C **34**
Fowler Clo. *Sth S* —5G **29**
Fox Clo. *Ben* —6F **15**
Foxes Gro. *Hut* —5A **2**
Foxfield Clo. *Hock* —5G **9**
Foxfield Dri. *Stan H* —2E **32**
Foxgloves, The. *Bill* —3D **2**
Foxhatch. *W'fd* —5G **5**
Foxhunter Wlk. *Bill* —1H **3**
Foxleigh. *Bill* —7E **2**
Foxleigh Clo. *Bill* —7E **2**
Fox Meadows. *Ben* —6F **15**
Foxwood Ct. *Lgh S* —3E **26**
Foxwood Pl. *Lgh S* —3F **27**
Foys Wlk. *Bill* —6A **2**
Frame, The. *Bas* —5F **11**
Framlingham Ct. *Ray* —3J **15**
Frampton Rd. *Bas* —2D **22**
Frances Cottee Lodge. *Ray* —4C **16**
Francis Clo. *Horn H* —4A **32**
Francis Ct. *Bas* —7D **12**
Francis Wlk. *Ray* —2K **15**
Franklins Way. *W'fd* —3G **5**
Fraser Clo. *Lain* —6B **10**
Fraser Clo. *Shoe* —3F **31**
Fred Leach Ho. *Can I* —5E **34**
Freeman Ct. *Stan H* —4F **33**
Fremantle. *Shoe* —7D **30**
Fremnells, The. *Bas* —5B **12**
Frerichs Clo. *W'fd* —6G **5**
Freshwater Dri. *Bas* —2D **22**
Frettons. *Bas* —7C **12**
Friars Clo. *Lain* —6E **10**
Friars Ho. *Shoe* —3F **31**
Friars St. *Shoe* —5F **31**

Friern Gdns. *W'fd* —4D **4**
Friern Pl. *W'fd* —5D **4**
Friern Wlk. *W'fd* —4D **4**
Frithwood Clo. *Bill* —7D **2**
Frithwood La. *Bill* —7D **2**
Frobisher Clo. *Lain* —6F **11**
Frobisher Way. *Shoe* —3E **30**
Froden Brook. *Bill* —6A **2**
Froden Clo. *Bill* —6A **2**
Froden Ct. *Bill* —7A **2**
Fryth, The. *Bas* —4C **12**
Fulford Dri. *Lgh S* —6J **17**
Fulmar Way. *W'fd* —6J **5**
Fulton Rd. *Ben* —5D **14**
Furlongs. *Bas* —1B **22**
Furrowfelde. *Bas* —2J **21**
Furtherwick Rd. *Can I* —4F **35**
Furze Glade. *Bas* —1D **20**
Fyfield Av. *W'fd* —6E **4**
Fyfield Path. *Ray* —1G **15**
Fyfields. *Pits* —5G **13**

Gables, The. *Bas* —4F **13**
Gables, The. *Lgh S* —6C **16**
Gafzelle Dri. *Can I* —5J **35**
Gainsborough Av. *Can I* —5J **35**
Gainsborough Clo. *Bill* —6F **3**
Gainsborough Dri. *Wclf S* —2C **28**
Gains Clo. *Can I* —4H **35**
Galleydene. *Ben* —2J **25**
Gallops, The. *Bas* —7D **10**
Galton Rd. *Wclf S* —5K **27**
Gambleside. *Bas* —2C **22**
Ganels Clo. *Bill* —6A **2**
Ganels Rd. *Bill* —6A **2**
Ganley Clo. *Bill* —5F **3**
Gardens, The. *Lgh S* —5G **27**
Gardiners Clo. *Bas* —3B **12**
Gardiners La. N. *Cray H* —5A **4**
Gardiners La. S. *Bas* —2C **12**
Gardiners Link. *Bas* —2B **12**
Gardiners Way. *Bas* —2B **12**
Gardner Av. *Corr* —2F **33**
Garners, The. *R'fd* —2D **18**
Garon Pk. *Sth S* —2H **29**
Gascoigne Way. *Bill* —5H **3**
Gate Lodge Sq. *Bas* —2H **11**
Gate Lodge Way. *Lain* —2H **11**
Gateway. *Bas* —6K **11**
Gatscombe Clo. *Hock* —5D **8**
Gattens, The. *Ray* —7K **7**
Gatwick View. *Bill* —7F **3**
Gay Bowers. *Bas* —5B **12**
Gay Bowers. *Hock* —5B **8**
Gayleighs. *Ray* —7H **7**
Gay Links. *Bas* —5K **11**
Gaynesford. *Bas* —1G **21**
Gayton Rd. *Sth S* —3E **28**
Gaywood. *Bas* —5C **10**
Geerings, The. *Stan H* —4G **33**
Geesh Rd. *Can I* —3G **35**
Genesta Rd. *Wclf S* —5A **28**
Genk Clo. *Can I* —3F **35**
Gennep Rd. *Can I* —3F **35**
Gentry Clo. *Stan H* —5C **32**
George St. *Shoe* —6G **31**
George Way. *Can I* —2E **34**
Gernons. *Bas* —1H **21**
Geylen Rd. *Can I* —4H **35**
Ghyllgrove. *Bas* —4K **11**
Ghyllgrove Clo. *Bas* —4K **11**
Gibcracks. *Bas* —6C **12**
Gibraltar Wlk. *W'fd* —4F **5**
Gideons Way. *Stan H* —4D **32**
Gifford Grn. *Pits* —7F **13**
Gifford Rd. *Ben* —7D **14**
Giffords Cross Av. *Corr* —3G **33**
Giffords Cross Rd. *Corr* —4G **33**
Gilhorn Rd. *Can I* —5J **35**
Gilbert Clo. *Ray* —2B **16**
Gilbert Dri. *Bas* —7C **10**

Gildborne Clo. *Fob* —2K **33**
Gills Av. *Can I* —4G **35**
Gill, The. *Ben* —7K **15**
Gilmour Rise. *Bill* —6D **2**
Gippeswyck. *Bas* —5A **12**
Gipson Pk. Clo. *Lgh S* —6F **17**
Glade, The. *Bas* —5A **12**
Gladstone Gdns. *Ray* —3J **15**
Gladstone Rd. *Hock* —6E **8**
Gladwyns. *Bas* —5G **11**
Glanmire. *Bill* —1H **3**
Glasseys La. *Ray* —4J **15**
Glastonbury Chase. *Wclf S* —7K **17**
Glebe Clo. *Gt W* —1K **31**
Glebe Clo. *Ray* —1J **15**
Glebe Clo. *Sth S* —5J **29**
Glebe Dri. *Ray* —1J **15**
Glebe Field. *Bas* —4A **12**
Glebelands. *Ben* —5B **14**
Glebe Rd. *Rams B* —3A **4**
Glebe Rd. *W'fd* —4G **5**
Glebe Way. *Ben* —2B **26**
Glenbervie Dri. *Lgh S* —3H **27**
Glencoe Dri. *W'fd* —3J **5**
Glen Ct. *Ben* —1H **25**
Glencree. *Bill* —1H **3**
Glendale Gdns. *Lgh S* —4F **27**
Gleneagles. *Ben* —7B **14**
Gleneagles Rd. *Lgh S* —7E **16**
Glenfield Rd. *Corr* —2H **33**
Glenhurst Mans. *Sth S* —5F **29**
Glenhurst Rd. *Sth S* —3E **28**
Glenmere. *Bas* —3B **22**
Glenmere Pk. Av. *Ben* —2H **25**
Glenmore St. *Sth S* —4H **29**
Glenridding. *Ben* —7D **14**
Glen Rd. *Bas* —1D **22**
Glen Rd. *Ben* —7E **14**
Glen Rd. *Lgh S* —5J **27**
Glenside. *Bill* —5H **3**
Glen, The. *Ray* —4A **16**
Glen, The. *Stan H* —4F **33**
Glen, The. *Van* —1E **22**
Glenwood. *Can I* —3D **34**
Glenwood Av. *Hock* —6F **9**
Glenwood Av. *Lgh S* —5D **16**
Glenwood Av. *Wclf S* —3B **28**
Glenwood Gdns. *Lang H* —1A **20**
Gleten Rd. *Can I* —4H **35**
Gloucester Av. *Ray* —4C **16**
Gloucester Pl. *Bill* —2E **2**
Gloucester Ter. *Sth S* —7K **29**
Glyders, The. *Ben* —4E **24**
Glynde Way. *Sth S* —4K **29**
Goatsmoor La. *Bill & Stock* —2J **3**
Gobions. *Bas* —1J **21**
Godden Lodge. *Ben* —6F **15**
Goirle Av. *Can I* —4G **35**
Goldcrest Dri. *Bill* —6G **3**
Golden Cross Pde. *R'fd* —6K **9**
 (off Ashingdon Rd.)
Golden Cross Rd. *R'fd* —5K **9**
Golden Mnr. Dri. *Ben* —7F **15**
Goldfinch La. *Ben* —5G **15**
Goldhanger Clo. *Ray* —1G **15**
Goldhanger Cross. *Bas* —5C **12**
Golding Cres. *Stan H* —4E **32**
Goldings Cres. *Bas* —2C **22**
Goldington Cres. *Bill* —2D **2**
Goldmer Clo. *Shoe* —4C **30**
Goldsmith Dri. *Ray* —4G **7**
 (in two parts)
Goldsmiths. *Lang H* —4C **20**
Goldsmiths Av. *Corr* —4F **33**
Goldsworthy Dri. *Gt W* —2J **31**
Golf Ride. *Ben* —7E **14**
Goodmans. *Gt W* —1H **31**
Goodmayes Wlk. *W'fd* —5F **5**
Goodview Rd. *Bas* —2J **11**
Goodwood Clo. *Ben* —5G **15**
Goor Av. *Can I* —4H **35**
Gooseberry Grn. *Bill* —4D **2**

Goose Cotts. *W'fd* —2C **6**
Gordon Clo. *Bill* —4D **2**
Gordon Pl. *Sth S* —5D **28**
Gordon Rd. *Bas* —7B **12**
Gordon Rd. *Lgh S* —3D **26**
Gordon Rd. *Sth S* —5D **28**
Gordon Rd. *Stan H* —3F **33**
Gordons. *Bas* —7E **12**
Gore, The. *Bas* —6J **11**
Gosfield Clo. *Ray* —1G **15**
Goslings, The. *Shoe* —5G **31**
Gowan Brae. *Ben* —7B **14**
Gowan Clo. *Ben* —7B **14**
Gowan Ct. *Ben* —7B **14**
Goya Rise. *Shoe* —4G **31**
Goy Rd. *Corr* —4H **33**
Grafton Rd. *Can I* —6G **35**
Graham Clo. *Bill* —2F **3**
Graham Clo. *Hock* —4E **8**
Grahame Ho. *Sth S* —2G **29**
Grainger Clo. *Sth S* —3E **28**
Grainger Rd. *Sth S* —4E **28**
Grainger Rd. Ind. Est. *Sth S*
—4E **28**
Grampian. *Wclf S* —4C **28**
Grand Ct. W. Lgh S —5H **27**
(off Grand Dri.)
Grand Dri. *Lgh S* —5H **27**
Grand Pde. *Lgh S* —5H **27**
Grandview Rd. *Ben* —5F **15**
Grange Av. *Ben* —7C **16**
Grange Av. *W'fd* —5D **4**
Grange Clo. *Lgh S* —2G **27**
Grange Gdns. *Ray* —1H **15**
Grange Gdns. *Sth S* —5F **29**
Grange Pde. *Bill* —6A **2**
Grange Pk. Dri. *Lgh S* —3H **27**
Grange Rd. *Bas* —4J **13**
Grange Rd. *Ben* —4E **14**
(in two parts)
Grange Rd. *Bill* —6A **2**
Grange Rd. *Lgh S* —4F **27**
Grange Rd. *W'fd* —1E **4**
Granger Pl. *Can I* —6H **35**
Grangeway. *Ben* —6G **15**
Grangewood. *Ben* —7D **14**
Grant Clo. *W'fd* —6G **5**
Granville Clo. *Ben* —1E **24**
Granville Clo. *Bill* —2D **2**
Granville Rd. *Hock* —2F **9**
Grapnells. *Bas* —1D **22**
Grasmead Av. *Lgh S* —3H **27**
Grasmere Av. *Hull* —1G **7**
Grasmere Rd. *Ben* —6E **14**
Grasmere Rd. *Can I* —5C **34**
Gratmore Grn. *Bas* —2C **22**
Gravel Rd. *Lgh S* —4D **16**
Grays Av. *Bas* —4E **20**
Graysons Clo. *Ray* —2A **16**
Gt. Berry Farm Chase. *Bas* —1C **20**
Gt. Berry La. *Bas* —1C **20**
(in two parts)
Gt. Blunts Cotts. *Stock* —1G **3**
Gt. Burches Rd. *Ben* —5G **15**
Gt. Eastern Av. *Sth S* —4E **28**
Gt. Eastern Rd. *Hock* —6E **8**
Gt. Gregorie La. *Pits* —7H **11**
Gt. Hays. *Lgh S* —7E **16**
Greathouse Chase. *Fob* —7A **22**
Gt. Knightleys. *Bas* —6F **11**
Gt. Leighs Way. *Bas* —3G **13**
Gt. Mead. *Shoe* —3E **30**
Gt. Mistley. *Bas* —7A **12**
Gt. Oaks. *Bas* —6J **11**
Gt. Oxcroft. *Bas* —6D **10**
Gt. Ranton. *Pits* —4G **13**
Gt. Saling. *W'fd* —5J **5**
Gt. Spenders. *Bas* —4B **12**
Gt. Wheatley Rd. *Ray* —2G **15**
Greenacre M. *Lgh S* —3G **27**
Greenacres. *Ben* —2A **26**

Green Av. *Can I* —5C **34**
Greenbanks. *Lgh S* —3J **27**
Greendyke. *Can I* —3D **34**
Greenfields. *Bill* —7E **2**
Greenfields Clo. *Bill* —7E **2**
Greenlands. *R'fd* —7K **9**
Green La. *Bas* —1G **21**
Green La. *Can I* —5D **34**
Green La. *Lgh S* —5F **17**
Green La. *L Bur* —2C **10**
Greenleas. *Ben* —6H **15**
Green Oaks Clo. *Ben* —2E **24**
Green Rd. *Ben* —4D **24**
Greens Farm La. *Bill* —5G **3**
Greensted Clo. *Bas* —7D **12**
Greensted, The. *Bas* —7D **12**
Greensward La. *Hock* —5E **8**
Green, The. *Lgh S* —5G **17**
Green, The. *Stan H* —6D **32**
Greenview. Can I —3D **34**
(off Helmsdale)
Greenway. *Bill* —6H **3**
Greenways. *Ben* —3C **24**
Greenways. *Can I* —3D **34**
Greenways. *R'fd* —2D **18**
Greenways. *Sth S* —6J **29**
Greenwood Av. *Ben* —4E **24**
Gregory Clo. *Hock* —7F **9**
Grevatt Lodge. *Pits* —7F **13**
Greyhound Retail Pk. *Sth S*
—4E **28**
Greyhound Way. *Sth S* —4E **28**
Griffin Av. *Can I* —3G **35**
Grimston Rd. *Bas* —4D **12**
Grosvenor Ct. *Sth S* —3D **28**
Grosvenor Ct. *Wclf S* —6A **28**
Grosvenor Gdns. *Bill* —3E **2**
Grosvenor Mans. Wclf S —5A **28**
(off Grosvenor Rd.)
Grosvenor M. *Wclf S* —6A **28**
Grosvenor Rd. *Ben* —5E **24**
Grosvenor Rd. *Wclf S* —6A **28**
Grove Av. *Bas* —2D **20**
Grove Clo. *Ray* —2B **16**
Grove Ct. *Ray* —3C **16**
Grove Ct. *Wclf S* —2K **27**
Grove Hill. *Lgh S* —5D **16**
Grovelands Rd. *W'fd* —5F **5**
Grove Rd. *Ben* —3D **24**
Grove Rd. *Bill* —5D **2**
Grove Rd. *Can I* —4G **35**
Grove Rd. *Ray* —2B **16**
Grove Rd. *Stan H* —7D **32**
Grover Wlk. *Corr* —4F **33**
Grove, The. *Bill* —3G **3**
Grove, The. *Sth S* —3F **29**
Grove, The. *Stan H* —7D **32**
Grove Wlk. *Shoe* —5E **30**
Grovewood Av. *Lgh S* —5D **16**
Grovewood Clo. *Lgh S* —5D **16**
Guernsey Gdns. *W'fd* —2F **5**
Guildford Rd. *Sth S* —4E **28**
Gunfleet. *Shoe* —5C **30**
Gun Hill Pl. *Bas* —7A **12**
Gunners Rd. *Shoe* —5G **31**
Gustedhall La. *Hock* —2G **17**
Gwendalen Av. *Can I* —4H **35**

Haarlem Rd. *Can I* —4B **34**
Haarle Rd. *Can I* —6H **35**
Haase Clo. *Can I* —2E **34**
Hackamore. *Ben* —7H **15**
Hacks Dri. *Ben* —5H **15**
Haddon Clo. *Ray* —7E **6**
Hadfield Rd. *Stan H* —6D **32**
Hadleigh Hall Ct. Lgh S —4E **26**
(off Hadleigh Rd.)
Hadleigh Pk. Av. *Ben* —2J **25**
Hadleigh Rd. *Lgh S* —4E **26**
Hadleigh Rd. *Wclf S* —6C **28**
Hainault Av. *R'fd* —7J **9**

Hainault Av. *Wclf S* —3B **28**
Hainault Clo. *Ben* —1A **26**
Hallam Ct. *Bill* —3D **2**
Hall Clo. *Stan H* —3E **32**
Hall Cres. *Ben* —2J **25**
Hallet Rd. *Can I* —5J **35**
Hall Farm Rd. *Ben* —6D **24**
Hall Farm Rd. *Ben* —3D **24**
Hall Pk. Av. *Wclf S* —5K **27**
Hall Pk. Way. *Wclf S* —5K **27**
Hall Rd. *Hock & R'fd* —1J **17**
Halston Ct. *Corr* —3H **33**
Halstow Way. *Pits* —7G **13**
Hamboro Gdns. *Lgh S* —4D **26**
Hambro Av. *Ray* —7H **7**
Hambro Clo. *Ray* —7J **7**
Hambro Hill. *Ray* —6J **7**
Hamilton Clo. *Lgh S* —3C **26**
Hamilton Gdns. *Hock* —4E **8**
Hamilton M. *Ray* —1B **16**
Hamlet Ct. M. *Wclf S* —4C **28**
Hamlet Ct. Rd. *Wclf S* —5B **28**
Hamlet Rd. *Sth S* —6D **28**
Hamley Clo. *Ben* —6B **14**
Hammonds La. *Bill* —7A **2**
Hampstead Gdns. *Hock* —4F **9**
Hampton Clo. *Sth S* —1C **28**
Hampton Ct. *Hock* —5C **8**
Hampton Gdns. *Sth S* —7C **18**
Hamstel Rd. *Sth S* —2H **29**
Handel Rd. *Can I* —6H **35**
Handley Grn. *Bas* —7E **10**
Handleys Chase. *Lain* —2H **11**
Handleys Ct. *Lain* —2H **11**
Hannah Clo. *Can I* —2E **34**
Hannett Rd. *Can I* —5J **35**
Hanningfield Clo. *Ray* —1G **15**
Hanover Clo. *Bas* —7C **12**
Hanover Dri. *Bas* —6C **12**
Hanover M. *Hock* —5D **8**
Harberts Way. *Ray* —6G **7**
Harcourt Av. *Sth S* —4D **28**
Harcourt Ho. *Sth S* —4D **28**
Hardie Rd. *Stan H* —5D **32**
Hardings Elms Rd. *Cray H* —1K **11**
Hardwick Clo. *Ray* —3K **15**
Hardwick Ct. *Sth S* —2C **28**
Hardy. *Shoe* —7D **30**
Hardy's Way. *Can I* —2E **34**
Harebell Clo. *Bill* —3D **2**
Hares Chase. *Bill* —4D **2**
Haresland Clo. *Ben* —6B **16**
Harewood Av. *R'fd* —6J **9**
Harlech Clo. *Pits* —7F **13**
Harlequin Steps. Sth S —6G **29**
(off Hawtree Clo.)
Harley St. *Lgh S* —4E **26**
Harold Gdns. *W'fd* —2G **5**
Haron Clo. *Can I* —5F **35**
Harper Way. *Ray* —1J **15**
Harridge Clo. *Lgh S* —2G **27**
Harridge Rd. *Lgh S* —2G **27**
Harrier Clo. *Shoe* —3E **30**
Harris Clo. *W'fd* —6H **5**
Harrison Gdns. *Hull* —1H **7**
Harrods Ct. *Bill* —5H **3**
Harrogate Dri. *Hock* —3F **9**
Harrogate Rd. *Hock* —4F **9**
Harrow Clo. *Hock* —6G **9**
Harrow Gdns. *Hock* —6G **9**
Harrow Rd. *Can I* —3F **35**
Harrow Rd. *N Ben* —2K **13**
Hart Clo. *Ben* —6G **15**
Hartford Clo. *Ray* —7E **6**
Hartford End. *Bas* —7E **12**
Hartington Pl. *Sth S* —6F **29**
Hartington Rd. *Sth S* —6F **29**
Hartland Clo. *Lgh S* —5F **17**
Hart Rd. *Ben* —6F **15**
Harvard Ct. *Ray* —7F **7**
Harvest Rd. *Can I* —3F **35**
Harvey Clo. *Pits* —3F **13**

Harvey Rd. *Bas* —2F **13**
Haskins. *Stan H* —4F **33**
Haslemere Rd. *W'fd* —1E **4**
Hassell Rd. *Can I* —5H **35**
Hassenbrook Rd. *Stan H* —5D **32**
Hastings Rd. *Sth S* —5F **29**
Hastings, The. *W'fd* —2F **5**
Hatfield Dri. *Bill* —5H **3**
Hatfield Rd. *Ray* —1H **15**
Hatherley, The. *Bas* —5B **12**
Hatley Gdns. *Ben* —7B **14**
Hatterill. *Lain* —6E **10**
Havana Dri. *Ray* —5F **7**
Haven Clo. *Bas* —2C **22**
Haven Clo. *Can I* —5C **34**
Havengore. *Bas* —4G **13**
Havengore Clo. *Gt W* —1J **31**
Haven Rise. *Bill* —7B **2**
Haven Rd. *Can I* —7A **34**
Havering Clo. *Gt W* —1H **31**
Havis Rd. *Stan H* —3E **32**
Hawbush Grn. *Bas* —3F **13**
Hawkesbury Bush La. *Van* —3J **21**
Hawkesbury Clo. *Can I* —6D **34**
Hawkesbury Rd. *Can I* —5C **34**
Hawk Hill. *Bat* —1A **6**
Hawkins. *Shoe* —6D **30**
Hawk La. *Bat* —1B **6**
Hawkridge. *Shoe* —4C **30**
Hawks La. *Hock* —6E **8**
Hawksway. *Bas* —1K **21**
Hawkwell Chase. *Hock* —6E **8**
Hawkwell Pk. Dri. *Hock* —6F **9**
Hawkwell Rd. *Hock* —5E **8**
Hawthorn Clo. *Hock* —6F **9**
Hawthorne Gdns. *Hock* —5B **8**
Hawthorne Rd. *Corr* —3F **33**
Hawthorn Rd. *Can I* —5G **35**
Hawthorns. *Ben* —1C **24**
Hawthorns. *Lgh S* —1G **27**
Hawthorns, The. *Corr* —3J **33**
Hawthorn Way. *Ray* —3B **16**
Hawtree Clo. *Sth S* —6G **29**
Hayes Barton. *Sth S* —4C **30**
Hayes La. *Can I* —5D **34**
Hayrick Clo. *Bas* —1K **21**
Hazel Clo. *Ben* —3B **26**
Hazel Clo. *Lain* —2H **11**
Hazel Clo. *Lgh S* —3E **26**
Hazeldene. *Ray* —7H **7**
Hazelmere. *Pits* —1E **22**
Hazelwood. *Ben* —5B **14**
Hazelwood. *Hock* —7F **9**
Hazelwood Gro. *Lgh S* —7G **17**
Hazlemere Rd. *Ben* —7D **14**
Headcorn Clo. *Bas* —7G **13**
Headley Rd. *Bill* —3G **3**
Hearsall Av. *Stan H* —5E **32**
Heath Clo. *Bill* —6D **2**
Heather Bank. *Bill* —5G **3**
Heathercroft Rd. *W'fd* —5J **5**
Heather Dri. *Ben* —3C **26**
Heathfield. *Ben* —6J **15**
Heathfield. *Ray* —3K **15**
Heathleigh Dri. *Bas* —1D **20**
Heath Rd. *Rams H* —3J **3**
Hedgehope Av. *Ray* —7H **7**
Hedge La. *Ben* —1K **25**
Hedgerow Ct. *Lain* —2H **11**
Hedgerow, The. *Bas* —1B **22**
Hedingham Ho. *Ray* —3J **15**
Heeswyk Rd. *Can I* —3H **35**
Heidelburg Rd. *Can I* —3H **35**
Heilsburg Rd. *Can I* —3H **35**
Helden Av. *Can I* —3F **35**
Helena Clo. *Hock* —6F **9**
Helena Rd. *Ray* —2A **16**
Hellendoorn Rd. *Can I* —6H **35**
Helmore Ct. *Bas* —6B **10**
Helmores. *Bas* —6B **10**
Helmsdale. *Can I* —3D **34**
Helpeston. *Bas* —6B **12**

Hemmells. *Bas* —4D **10**
Hempstalls. *Bas* —7H **11**
Henderson Gdns. *W'fd* —6G **5**
Hendon Clo. *W'fd* —5F **5**
Hengist Gdns. *W'fd* —2F **5**
Henham Clo. *Bill* —5H **3**
Henley Cres. *Wclf S* —1B **28**
(in two parts)
Henry Dri. *Lgh S* —3C **26**
Henson Av. *Can I* —5J **35**
Herbert Gro. *Sth S* —6F **29**
Herbert Rd. *Can I* —4G **35**
Herbert Rd. *Shoe* —6C **30**
Herd La. *Corr* —3J **33**
Hereford Wlk. *Bas* —5D **12**
Hereward Gdns. *W'fd* —2F **5**
Heritage Way. *R'fd* —2C **18**
Hermes Way. *Shoe* —4F **31**
Hermitage Av. *Ben* —1G **25**
Hermitage Clo. *Ben* —1G **25**
Hermitage Dri. *Lain* —6E **10**
Hermitage Rd. *Wclf S* —5C **28**
Hernen Rd. *Can I* —3G **35**
Heron Av. *W'fd* —5H **5**
Heron Dale. *Bas* —6B **12**
Heron Gdns. *Ray* —1H **15**
Herongate. *Ben* —1B **24**
Herongate. *Shoe* —4E **30**
Heron Retail Pk. *Bas* —4G **11**
Heronsgate Trad. Est. *Bas* —2D **12**
Herschell Rd. *Lgh S* —3E **26**
Hertford Dri. *Fob* —4A **22**
Hertford Rd. *Can I* —5D **34**
Hetzand Rd. *Can I* —5K **35**
Hever Clo. *Hock* —5D **8**
Heybridge Dri. *W'fd* —4G **5**
Heycroft Rd. *Hock* —6F **9**
Heycroft Rd. *Lgh S* —6H **17**
Heygate Av. *Sth S* —6E **28**
Hickling Clo. *Lgh S* —6D **16**
Hickstars La. *Bill* —6A **2**
Highams Rd. *Hock* —6E **8**
High Bank. *Bas* —1B **20**
Highbank Clo. *Lgh S* —7H **17**
High Barrets. *Bas* —7E **12**
High Beeches. *Ben* —2B **24**
Highcliff Cres. *R'fd* —4K **9**
High Cliff Dri. *Lgh S* —5H **27**
Highcliffe Clo. *W'fd* —3H **5**
Highcliffe Dri. *W'fd* —3B **4**
Highcliffe Rd. *W'fd* —4H **5**
Highcliffe Way. *W'fd* —4H **5**
Highcliff Rd. *Ben* —4E **24**
High Cloister. *Bill* —5F **3**
High Elms Rd. *Hull* —2J **7**
High Farm Cotts. *Bill* —5A **4**
Highfield App. *Bill* —7H **3**
Highfield Av. *Ben* —2B **24**
Highfield Cloisters. *Lgh S* —4E **26**
(off Hadleigh Rd.)
Highfield Clo. *Wclf S* —3B **28**
Highfield Cres. *Ray* —2K **15**
Highfield Cres. *Wclf S* —3B **28**
Highfield Dri. *Wclf S* —2B **28**
Highfield Gdns. *Wclf S* —2B **28**
Highfield Gro. *Wclf S* —2B **28**
Highfield Rd. *Bill* —6B **2**
Highfield Way. *Wclf S* —2B **28**
Highland Gro. *Bill* —6B **2**
Highland Rd. *Fob* —4K **21**
(in two parts)
Highlands Av. *Bas* —1B **22**
(in two parts)
Highlands Boulevd. *Lgh S* —2C **26**
Highlands Ct. *Lgh S* —3D **26**
Highlands Cres. *Bas* —6K **13**
Highlands Rd. *Bas* —6K **13**
Highlands Rd. *Raw* —1F **7**
High Mead. *Hock* —6E **8**
Highmead. *Ray* —2H **15**
Highmead Ct. *Ray* —2H **15**
High Meadow. *Bill* —5G **3**
High Oaks. *Bas* —2D **20**

High Pavement. *Bas* —6J **11**
High Rd. *Ben* —7B **14**
High Rd. *Fob* —4A **22**
High Rd. *Hock* —7K **7**
High Rd. *Horn H* —3A **32**
High Rd. *Lang H & Lain* —4D **20**
(in two parts)
High Rd. *Ray* —4J **15**
High Rd. *Stan H* —6F **33**
High Rd. *Van & Bas* —1D **22**
High Rd. N. *Lain* —3E **10**
High St. Benfleet, *Ben* —4D **24**
High St. Billericay, *Bill* —6E **2**
High St. Canvey Island, *Can I*
—4G **35**
High St. Great Wakering, *Gt W*
—1F **31**
High St. Hadleigh, *Had* —2K **25**
High St. Leigh-on-Sea, *Lgh S*
—5E **26**
High St. Rayleigh, *Ray* —2J **15**
High St. Shoeburyness, *Shoe*
—6F **31**
High St. Southend-on-Sea, *Sth S*
—5E **28**
High St. Stanford-le-Hope, *Stan H*
—6C **32**
High St. Wickford, *W'fd* —4F **5**
Highview Av. *Lang H* —7B **10**
Highview Rd. *Ben* —5G **15**
Highwood Clo. *Lgh S* —1H **27**
Hilary Clo. *R'fd* —6K **9**
Hilary Cres. *Ray* —2A **16**
Hilbery Rd. *Can I* —5G **35**
Hildaville Dri. *Wclf S* —4A **28**
Hillary Mt. *Bill* —6D **2**
Hill Av. *W'fd* —4H **5**
Hillborough Mans. *Wclf S* —2B **28**
Hillborough Rd. *Wclf S* —2B **28**
Hill Clo. *Ben* —1E **24**
Hillcrest Av. *Bas* —1A **20**
Hillcrest Av. *Hull* —2J **7**
Hillcrest Clo. *Horn H* —3A **32**
Hillcrest Rd. *Hock* —6E **8**
Hillcrest Rd. *Horn H* —3A **32**
Hillcrest Rd. *Sth S* —5F **29**
Hillcrest View. *Bas* —2B **22**
Hillhouse Clo. *Bill* —3F **3**
Hillhouse Ct. *Bill* —3F **3**
Hillhouse Dri. *Bill* —3F **3**
Hill La. *Hock* —6F **9**
Hill Rd. *Ben* —2E **24**
Hill Rd. *Sth S* —2D **28**
Hillside Av. *Hock* —6F **9**
Hillside Clo. *Bill* —6F **3**
Hillside Cotts. *W'fd* —1J **5**
Hillside Cres. *Lgh S* —5J **27**
Hillside Rd. *Ben* —4D **24**
(in two parts)
Hillside Rd. *Bill* —6F **3**
Hillside Rd. *E'wd* —4E **16**
Hillside Rd. *Hock* —6B **8**
Hillside Rd. *Lgh S* —5G **27**
Hill Ter. *Corr* —3J **33**
Hill Top Av. *Ben* —3F **25**
Hilltop Clo. *Ray* —3J **15**
Hill Top Rise. *Lang H* —1B **20**
Hilltop Rd. *Bas* —5F **11**
Hillview Gdns. *Stan H* —2F **33**
Hillview Rd. *Ray* —1J **15**
Hillway. *Bill* —5H **3**
Hillway. *Wclf S* —5J **27**
Hillwood Gro. *W'fd* —4G **5**
Hilly Rd. *Lain* —5F **11**
Hilton Rd. *Can I* —3E **34**
Hilton Wlk. *Can I* —3E **34**
Hilversum Way. *Can I* —3F **35**
Hindles Rd. *Can I* —4H **35**
Hinguar St. *Shoe* —6F **31**
Hobhouse Rd. *Stan H* —3D **32**
Hobleythick La. *Wclf S* —2B **28**

Hockley Clo. *Bas* —6B **12**
Hockley Grn. *Bas* —6C **12**
Hockley Mobile Homes. *Hock*
—1C **8**
Hockley Rise. *Hock* —6E **8**
Hockley Rd. *Bas* —6B **12**
Hockley Rd. *Ray* —2K **15**
Hodgson Ct. *W'fd* —6J **5**
Hodgson Way. *W'fd* —5H **5**
Hogarth Dri. *Shoe* —4G **31**
Hogarth Way. *R'fd* —5J **9**
Holbech Rd. *Bas* —4D **12**
Holbek Rd. *Can I* —5J **35**
Holbrook Clo. *Bill* —5H **3**
Holden Gdns. *Bas* —3D **12**
Holden Rd. *Bas* —3D **12**
Holden Wlk. *Bas* —3D **12**
Holgate. *Bas* —4G **13**
Holland Av. *Can I* —3B **34**
Holland Rd. *Wclf S* —6B **28**
Holland Wlk. *Bas* —3B **22**
Holley Gdns. *Bill* —4F **3**
Hollies, The. *Stan H* —6C **32**
Holly Bank. *Bas* —1B **20**
Holly Ct. *Bill* —5E **2**
Hollyford. *Bill* —2H **3**
(in two parts)
Holly Gro. *Bas* —7B **10**
Hollymead. *Corr* —3E **32**
Hollytree Gdns. *Ray* —4H **15**
Holly Wlk. *Can I* —4D **34**
Holmes Clo. *Horn H* —4A **32**
Holmes Ct. Can I —4H **35**
(off High St. Canvey Island,)
Holmesdale Clo. *Wclf S* —2A **28**
Holmswood. *Can I* —3J **35**
Holst Av. *Bas* —4E **10**
Holst Clo. *Stan H* —4C **32**
Holsworthy. *Shoe* —4D **30**
Holt Farm Way. *R'fd* —7K **9**
Holton Rd. *Can I* —5K **35**
Holton Rd. *Ray* —3C **16**
Holtynge. *Ben* —1C **24**
Holyoak La. *Hock* —7E **8**
Holyrood Dri. *Wclf S* —3K **27**
Homecove Ho. Wclf S —6B **28**
(off Holland Rd.)
Home Farm Clo. *Gt W* —1H **31**
Homefield Clo. *Bill* —7B **2**
Homefields Av. *Ben* —7B **14**
Home Mead. *Bas* —4D **10**
Home Meadows. *Bill* —5E **2**
Homeregal Ho. Ray —2K **15**
(off Bellingham La.)
Homestead Ct. *Ben* —2K **25**
Homestead Dri. *Bas* —3E **20**
Homestead Gdns. *Ben* —3K **25**
Homestead Rd. *Bas* —6J **13**
Homestead Rd. *Ben* —3K **25**
Homestead Rd. *Rams B* —3A **4**
Homestead Way. *Ben* —3K **25**
Honeypot La. *Bas* —4K **11**
(in two parts)
Honiley Av. *W'fd* —1J **13**
Honington Clo. *W'fd* —5K **5**
Honiton Rd. *Sth S* —5G **29**
Honywood Rd. *Bas* —2D **12**
Hood Clo. *W'fd* —5G **5**
Hooley Dri. *Ray* —5G **7**
Hoover Dri. *Bas* —6B **10**
Hope Av. *Stan H* —2E **32**
Hope Rd. *Ben* —4D **24**
Hope Rd. *Can I* —5H **35**
Hope Rd. *Stan H* —7D **32**
Horace Rd. *Bill* —3G **3**
Horace Rd. *Sth S* —6F **29**
Horkesley Way. *W'fd* —5G **5**
Hornbeams. *Ben* —4B **14**
Hornbeam Way. *Lain* —2E **10**
Hornby Av. *Wclf S* —7A **18**
Hornby Clo. *Wclf S* —7B **18**
Hornchurch Clo. *W'fd* —5J **5**

Horndon Rd. *Horn H* —6A **32**
Hornsby Sq. *Bas* —5A **10**
(in two parts)
Hornsby Way. *Bas* —5B **10**
Hornsland Rd. *Can I* —5J **35**
Horseshoe Barracks. *Shoe* —6F **31**
Horseshoe Clo. *Bill* —2E **2**
Horsley Cross. *Bas* —5K **11**
Hospital Rd. *Shoe* —6F **31**
Hovefields Av. *Bas* —2H **13**
Hovefields Av. *W'fd* —1H **13**
Hovefields Dri. *W'fd* —1H **13**
Howard Chase. *Bas* —4H **11**
Howard Cres. *Bas* —7G **13**
Howard Pl. *Can I* —6F **35**
Howards Chase. *Wclf S* —3C **28**
Howell Rd. *Corr* —7H **21**
Hudson Ct. Lgh S —6G **17**
(off Hudson Cres.)
Hudson Cres. *Lgh S* —6G **17**
Hudson Rd. *Lgh S* —6F **17**
Hudsons Clo. *Stan H* —4D **32**
Hudson Way. *Can I* —2E **34**
Hullbridge Rd. *Ray* —2H **7**
Humber Clo. *Ray* —3J **15**
Hunter Dri. *W'fd* —6G **5**
Hunters Av. *Bill* —6A **2**
Huntingdon Rd. *Sth S* —5H **29**
Hunts Mead. *Bill* —6D **2**
Hurlock Rd. *Bill* —5F **3**
Hurricane Clo. *W'fd* —6K **5**
Hurricane Ho. *W'fd* —6J **5**
Hurricane Way. *W'fd* —6J **5**
Hurst Ho. *Ben* —5H **15**
Hurst Way. *Lgh S* —1H **27**
Hyde, The. *Bas* —1E **20**
Hydeway. *Ben* —7F **15**
Hyde Way. *W'fd* —5F **5**
Hylands, The. *Hock* —6D **8**

Ian Rd. *Bill* —3D **2**
Ilford Trad. Est. *Bas* —2C **12**
Ilfracombe Av. *Bas* —7H **13**
Ilfracombe Av. *Sth S* —5H **29**
Ilfracombe Rd. *Sth S* —4G **29**
Ilgars Rd. *W'fd* —2G **5**
Ilmington Dri. *Bas* —3E **12**
Imperial Av. *Wclf S* —4K **27**
Imperial Ct. Wclf S —6B **28**
(off Westcliff Pde.)
Imperial Lodge. *Wclf S* —4A **28**
Ingaway. *Bas* —7H **11**
Inglefield Rd. *Fob* —6A **22**
Ingrave Clo. *W'fd* —5G **5**
Innes Clo. *W'fd* —6G **5**
International Bus. Pk. *Can I*
—5B **34**
Inverness Av. *Wclf S* —3B **28**
Invicta Ct. *Bill* —4C **2**
Inworth Wlk. *W'fd* —3J **5**
Iona Way. *W'fd* —6H **5**
Ipswich M. *Lain* —7B **10**
Ironwell La. *Hock & R'fd* —1J **17**
Irvine Pl. *W'fd* —6H **5**
Irvine Way. *Bill* —6E **2**
Irvington Clo. *Lgh S* —1F **27**
Irvon Hill Rd. *W'fd* —4E **4**
Isabel Evans Ct. Stan H —2F **33**
Ivy Rd. *Ben* —6A **14**
Ivy Wlk. *Can I* —4D **34**

Jackdaw Clo. *Bill* —7G **3**
Jackdaw Clo. *Shoe* —4E **30**
Jacks Clo. *W'fd* —4H **5**
Jacksons La. *Bill* —4F **3**
Jacksons M. *Bill* —5G **3**
Jacqueline Gdns. *Bill* —3F **3**
James Sq. *Bill* —5J **3**
Janette Av. *Can I* —5C **34**
Jardine Rd. *Bas* —4G **13**

Jarvis Rd. *Ben* —1E **24**
Jarvis Rd. *Can I* —2E **34**
Jasmine Clo. *Lang H* —1B **20**
Jason Clo. *Can I* —3F **35**
Jefferson Av. *Lain* —6C **10**
Jeffries Way. *Stan H* —4F **33**
Jena Clo. *Shoe* —5E **30**
Jermayns. *Bas* —6G **11**
Jersey Gdns. *W'fd* —3F **5**
Jesmond Rd. *Can I* —6F **35**
Johnson Clo. *R'fd* —6K **9**
Johnson Clo. *W'fd* —6G **5**
Johnstone Rd. *Sth S* —5A **30**
John St. *Shoe* —6G **31**
Jones Clo. *Sth S* —2C **28**
Jones Corner. *Lgh S* —5F **17**
Jordans, The. *Sth S* —3E **28**
Josselin Ct. *Bas* —2G **13**
Josselin Clo. *Burnt M* —2G **13**
Jotmans La. *Ben* —3K **23**
Journeymans Way. *Sth S* —7D **18**
Jubilee Clo. *Hock* —6E **8**
Jubilee Dri. *W'fd* —3E **4**
Jubilee Rd. *Cray H* —1A **12**
Jubilee Rd. *Ray* —2A **16**
Juliers Clo. *Can I* —5H **35**
Juliers Rd. *Can I* —5H **35**
Junction Rd. *Bas* —1F **23**
Juniper Clo. *Bill* —3G **3**
Juniper Rd. *Lgh S* —1H **27**

Kale Rd. *Ben* —1E **24**
Kamerwyk Av. *Can I* —4G **35**
Karen Clo. *Ben* —5D **24**
Karen Clo. *Stan H* —5C **32**
Karen Clo. *W'fd* —5E **4**
Katherine Clo. *Ray* —3C **16**
Katherine Rd. *Bas* —5J **13**
Kathleen Clo. *Stan H* —3E **32**
Kathleen Dri. *Lgh S* —3H **27**
Kathleen Ferrier Cres. *Bas* —4E **10**
Keats Ho. *Sth S* —3F **29**
Keats Wlk. *Ray* —2C **16**
Keats Way. *W'fd* —4E **4**
Keegan Pl. *Can I* —4G **35**
Keepers Cotts. *Bill* —2J **3**
Keer Av. *Can I* —6H **35**
Keighley M. *Shoe* —2D **30**
Keith Av. *W'fd* —2F **5**
Keith Way. *Sth S* —7C **18**
Kellington Rd. *Can I* —3G **35**
(in two parts)
Kelly Rd. *Bas* —6J **13**
Kelvedon Clo. *Bill* —5G **3**
Kelvedon Clo. *Ray* —1G **15**
Kelvedon Rd. *Bill* —5G **3**
Kelvin Rd. *Ben* —5D **14**
Kelvinside. *Stan H* —3E **32**
Kembles. *Ray* —6J **7**
Kempton Clo. *Ben* —5H **15**
Kendal Clo. *Hull* —2J **7**
Kendal Clo. *Ray* —2A **16**
Kendal Ct. *W'fd* —6J **5**
Kendal Way. *Lgh S* —5G **17**
Kenholme. *Lgh S* —1G **27**
Kenilworth Clo. *Bill* —5C **2**
Kenilworth Gdns. *Ray* —1H **15**
Kenilworth Gdns. *Wclf S* —2J **27**
Kenilworth Pl. *Bas* —3G **11**
Kenley Clo. *W'fd* —5K **5**
Kenmore Clo. *Can I* —6J **35**
Kennedy Av. *Ben* —6B **10**
Kennedy Clo. *Ben* —5B **14**
Kennedy Clo. *Ray* —4C **16**
Kennel La. *Bill* —6A **2**
Kenneth Gdns. *Stan H* —2F **33**
Kenneth Rd. *Bas* —5G **13**
Kenneth Rd. *Ben* —6F **15**
Kennington Av. *Ben* —7C **14**
Kensington Gdns. *Bill* —3E **2**
Kensington Rd. *Sth S* —5H **29**

Kensington Way. *Hock* —5C **8**
(off Mey Wlk.)
Kent Av. *Can I* —3F **35**
Kent Av. *Lgh S* —3H **27**
Kent Clo. *Bas* —6D **10**
Kent Elms Clo. *Sth S* —7H **17**
Kent Elms Corner. *Lgh S* —7H **17**
(off Rayleigh Rd.)
Kent Grn. Clo. *Hock* —6F **9**
Kenton Way. *Bas* —7B **10**
Kents Hill Rd. *Ben* —2D **24**
Kents Hill Rd. N. *Ben* —7D **14**
Kent View Av. *Lgh S* —5J **27**
Kent View Rd. *Bas* —7D **12**
Kent Way. *Ray* —4C **16**
Kentwell Ct. *Ben* —2C **24**
Kenway. *Sth S* —3E **28**
Kenwood Rd. *Corr* —3H **33**
Kersbrooke Way. *Corr* —2H **33**
Kestrel Gro. *Ray* —1H **15**
Keswick Av. *Hull* —1J **7**
Keswick Clo. *Ray* —2A **16**
Keswick Rd. *Ben* —6E **14**
Kevin Clo. *Bill* —6B **2**
Keyes Clo. *Shoe* —3E **30**
Keysland. *Ben* —6H **15**
Kibcaps. *Bas* —1H **21**
Kilbarry Wlk. *Bill* —1H **3**
Kiln Rd. *Ben* —1F **25**
Kiln Shaw. *Bas* —1E **20**
Kilnwood Av. *Hock* —6D **8**
Kilowan Clo. *Lang H* —2B **20**
Kilworth Av. *Sth S* —5F **29**
Kimberley Dri. *Bas* —2H **11**
Kimberley Rd. *Ben* —2C **24**
King Edward Rd. *Bas* —4D **10**
King Edward's Rd. *Stan H* —7D **32**
King Edward Ter. *Lain* —4D **10**
Kingfisher Clo. *Shoe* —3E **30**
Kingfisher Dri. *Ben* —3C **24**
Kingfisher Gdns. *Ray* —1H **15**
Kingfishers. *Bas* —1A **22**
King George's Clo. *Ray* —3K **15**
King Henry's Dri. *R'fd* —5D **18**
Kingley Clo. *W'fd* —4D **4**
Kingley Dri. *W'fd* —4D **4**
Kings Clo. *Can I* —5A **34**
Kings Clo. *Ray* —2A **16**
Kings Cres. *Bas* —3D **10**
Kingsdown Clo. *Bas* —6G **13**
Kingsdown Wlk. *Can I* —3E **34**
Kings Farm. *Ray* —6J **7**
Kingshawes. *Ben* —6H **15**
Kings Holiday Pk. *Can I* —4J **35**
Kingsleigh Pk. Homes. *Ben*
—6H **15**
Kingsley Cres. *Ben* —4H **15**
Kingsley La. *Ben* —4H **15**
Kings Lodge. *Ben* —2J **25**
Kingsman Rd. *Stan H* —6B **32**
Kingsmere. *Ben* —7H **15**
Kings Pde. *Stan H* —6C **32**
(off King St.)
Kings Pk. *Ben* —7F **15**
Kings Rd. *Bas* —3D **10**
King's Rd. *Ben* —3E **24**
Kings Rd. *Can I* —5A **34**
Kings Rd. *Ray* —2A **16**
King's Rd. *Wclf S* —4J **27**
Kingsteignton. *Shoe* —3C **30**
Kingston Av. *Shoe* —2E **30**
Kingston Hill. *Bas* —3F **21**
Kingston Ridge. *Bas* —3F **21**
Kingston Way. *Bas* —2G **21**
Kingston Way. *Ben* —6F **15**
King St. *Stan H* —6C **32**
Kings Way. *Bill* —7B **2**
Kingsway. *Hull* —2H **7**
Kingsway. *Wclf S* —3J **27**
Kingswood Chase. *Lgh S* —2F **27**
Kingswood Clo. *Bill* —5G **3**

Kingswood Ct. *Bas* —7C **12**
Kingswood Cres. *Ray* —3H **15**
Kingswood Rd. *Bas* —7A **12**
Kipling M. *Sth S* —3E **28**
Kirby Rd. *Bas* —6C **12**
Kirkham Av. *Stan H* —6B **20**
Kirkham Rd. *Horn H* —6B **20**
Kirkham Shaw. *Stan H* —5B **20**
Kitkatts Rd. *Can I* —5E **34**
(in three parts)
Knares, The. *Bas* —1G **21**
Knightbridge Wlk. *Bill* —4E **2**
Knights. *Bas* —5F **11**
Knights Ct. *Bas* —4D **12**
Knightswick Cen. *Can I* —4G **35**
Knightswick Rd. *Can I* —4F **35**
Knivet Clo. *Ray* —3A **16**
Knollcroft. *Shoe* —7D **30**
Knoll, The. *Ben* —1G **25**
Knoll, The. *Ray* —2K **15**
Knowle, The. *Bas* —1A **22**
Knox Ct. *W'fd* —6H **5**
Kolburg Rd. *Can I* —6H **35**
Kollum Rd. *Can I* —5K **35**
Koln Clo. *Can I* —5A **34**
Komberg Cres. *Can I* —3G **35**
Konnybrook. *Ben* —1G **25**
Korndyk Av. *Can I* —4G **35**
Kursaal Pavement. *Sth S* —6G **29**
Kursaal Way. *Sth S* —6G **29**
Kynoch Ct. *Stan H* —6E **32**

Laars Av. *Can I* —4G **35**
Laburnum Av. *W'fd* —5E **4**
Laburnum Clo. *Hock* —5C **8**
Laburnum Clo. *W'fd* —5E **4**
Laburnum Dri. *Corr* —3H **33**
Laburnum Gro. *Can I* —5B **34**
Laburnum Gro. *Hock* —5B **8**
Labworth La. *Can I* —6G **35**
(in two parts)
Labworth Rd. *Can I* —6G **35**
Ladram Clo. *Sth S* —4C **30**
Ladram Rd. *Sth S* —4B **30**
Ladram Way. *Sth S* —4B **30**
Ladygate Cen. *W'fd* —4F **5**
Ladysmith Way. *Lain* —3H **11**
Laindon Cen. *Bas* —6E **10**
Laindon Link. *Bas* —6E **10**
Laindon Rd. *Bill* —6E **2**
Laindon Rd. *Horn H* —7B **20**
Lake Av. *Bill* —4E **2**
Lake Dri. *Ben* —7E **14**
Lake Meadows Bus. Pk. *Bill* —4D **2**
Lakenham Ho. *Sth S* —7C **18**
(off Manners Way)
Lakeside. *Bill* —3E **2**
Lakeside. *Ray* —7H **7**
Lakeside Cres. *Can I* —3H **35**
Lakeside Path. *Can I* —3E **34**
Lake View. *Bas* —1B **20**
Lakeview. *Can I* —3E **34**
Lambeth M. *Hock* —5C **8**
(off Mey Wlk.)
Lambeth Rd. *Ben* —6C **14**
Lambeth Rd. *Lgh S* —6G **17**
Lambourn Clo. *Shoe* —2E **30**
Lambourne. *Can I* —6E **34**
Lambourne Cres. *Bas* —7D **12**
Lamont Clo. *W'fd* —6G **5**
Lampern Clo. *Bill* —1F **3**
Lampern Cres. *Bill* —1F **3**
Lampern M. *Bill* —1F **3**
Lampetsdowne. *Corr* —3H **33**
Lampits Hill. *Corr* —7J **21**
Lampits Hill Av. *Corr* —2G **33**
Lampits La. *Corr* —2G **33**
Lancaster Cres. *Sth S* —5F **29**
(off Hastings Rd.)
Lancaster Dri. *Lang H* —7B **10**
Lancaster Gdns. *Ray* —4C **16**

Lancaster Gdns. *Sth S* —5F **29**
Lancaster Rd. *Ray* —4C **16**
Lancer Way. *Bill* —4D **2**
Landermere. *Bas* —5K **11**
Landsburg Rd. *Can I* —3H **35**
Langdon Rd. *Ray* —1H **15**
Langdon Way. *Corr* —2H **33**
Langemore Way. *Bill* —6F **3**
Langenhoe. *W'fd* —5G **5**
Langford Cres. *Ben* —6F **15**
Langford Gro. *Bas* —4G **13**
Langham Cres. *Bill* —7F **3**
Langham Dri. *Ray* —1G **15**
Langland Clo. *Corr* —3G **33**
Langley Clo. *Lgh S* —5D **16**
Langley Clo. *Sth S* —5G **29**
Langley Pl. *Bill* —4C **2**
Langleys. *Bas* —1K **21**
Langport Dri. *Wclf S* —1J **27**
Langside Clo. *Lain* —4D **10**
Lanham Pl. *Bas* —4F **13**
Lanhams. *Bas* —4F **13**
Lanhams Ct. *Pits* —4F **13**
Lansdown Av. *Ben* —6B **16**
Lansdowne Av. *Lgh S* —4J **27**
Lansdowne Dri. *Ray* —1H **15**
Lantern Ter. *Sth S* —6G **29**
(off Kursaal Way)
Lappmark Rd. *Can I* —5H **35**
Lapwater Clo. *Lgh S* —3E **26**
Lapwater Ct. *Lgh S* —3E **26**
(off London Rd.)
Lapwing Rd. *W'fd* —1E **4**
Larch Clo. *Lain* —3E **10**
Larches, The. *Ben* —4C **14**
Larchwood Clo. *Lgh S* —6D **16**
Larkfield. *Corr* —2H **33**
Larkfield Clo. *R'fd* —7K **9**
Larkwood Rd. *Corr* —3H **33**
Larkwood Wlk. *W'fd* —5F **5**
Larup Av. *Can I* —4G **35**
Larup Gdns. *Can I* —4G **35**
Lascelles Gdns. *R'fd* —5J **9**
Latchetts Shaw. *Bas* —1K **21**
Latchingdon Clo. *Ray* —1G **15**
Latimer Dri. *Bas* —3D **10**
Laurel Av. *W'fd* —4E **4**
Laurel Clo. *Lgh S* —5F **27**
Laurels, The. *Ray* —4B **16**
Laurence Ind. Est. *Sth S* —6K **17**
Lavender Gro. *Wclf S* —2B **28**
Lavender M. *Wclf S* —2B **28**
Lavender Way. *W'fd* —4E **4**
Lavers, The. *Ray* —1A **16**
Lawn Av. *Sth S* —3F **29**
Lawnscourt. *Ben* —5B **14**
Lawns, The. *Ben* —5C **14**
Lawrence Rd. *Bas* —4K **13**
Laxtons. *Stan H* —4D **32**
Laxtons, The. *R'fd* —6K **9**
Leamington Rd. *Hock* —4F **9**
Leamington Rd. *Sth S* —5G **29**
Lea Rd. *Ben* —7C **14**
Leas Clo. *Wclf S* —5K **27**
Leas Gdns. *Wclf S* —5K **27**
Leaside. *Ben* —6B **14**
Leas, The. *Wclf S* —6A **28**
Leasway. *Ray* —2J **15**
Leasway. *Wclf S* —5K **27**
Leasway. *W'fd* —5D **4**
Leather La. *Sth S* —5E **28**
Leaway. *Bill* —7F **3**
Lede Rd. *Can I* —4F **35**
Lee Chapel La. *Bas* —2E **20**
Leecon Way. *R'fd* —1B **18**
Lee Lotts. *Gt W* —1G **31**
Lee Rd. *Bas* —6K **13**
Lee Wlk. *Bas* —7G **11**
Lee Woottens La. *Bas* —7J **11**
(in two parts)
Leicester Av. *R'fd* —4D **18**
Leige Av. *Can I* —2E **34**

Manor Rd. *Ben* —6C **14**
Manor Rd. *Hock* —5C **8**
Manor Rd. *Stan H* —6D **32**
Manor Rd. *Wclf S* —6B **28**
Manor Trad. Est. *Ben* —5D **14**
Manor Way. *Bas* —4H **23**
Manor Way. *Stan H* —5G **33**
Manorway, The. *Stan H* —5C **32**
Mansel Clo. *Lgh S* —6G **17**
Mansted Clo. *Dun* —7A **10**
Mansted Gdns. *R'fd* —6K **9**
Maple Av. *Lgh S* —5H **27**
Mapledene Av. *Hull* —1J **7**
Maple Dri. *Ray* —4G **7**
Mapleford Sweep. *Bas* —1B **22**
Mapleleaf Clo. *Hock* —4G **9**
Mapleleaf Gdns. *W'fd* —5D **4**
Maple Mead. *Bill* —7G **3**
Maples. *Stan H* —5E **32**
Maplesfield. *Ben* —1K **25**
Maple Sq. *Sth S* —3F **29**
Maplestead. *Bas* —4B **12**
Maples, The. *W'fd* —6E **4**
Maple Tree La. *Bas* —7B **10**
Maple Way. *Can I* —5C **34**
Maplin Clo. *Ben* —6G **13**
Maplin Ct. Shoe —6G **31**
(off Rampart Ter.)
Maplin Gdns. *Bas* —7C **12**
Maplin M. *Shoe* —6E **30**
Maplin Way. *Sth S* —5C **30**
Maplin Way N. *Sth S* —4C **30**
Marcos Rd. *Can I* —5H **35**
Marcus Av. *Sth S* —6B **30**
Marcus Chase. *Sth S* —5B **30**
Marcus Gdns. *Sth S* —5B **30**
Marden Ash. *Bas* —6C **10**
Margarite Way. *W'fd* —3D **4**
Margeth Rd. *Bill* —1E **10**
Margraten Av. *Can I* —6H **35**
Marguerite Dri. *Lgh S* —4H **27**
Marina Av. *Ray* —1J **15**
Marina Clo. *Sth S* —1C **28**
Marine App. *Can I* —6F **35**
Marine Av. *Can I* —6J **35**
Marine Av. *Lgh S* —4F **27**
Marine Av. *Wclf S* —6C **28**
Marine Clo. *Lgh S* —4C **26**
Marine Pde. *Can I* —6K **35**
Marine Pde. *Lgh S* —4C **26**
Marine Pde. *Sth S* —6F **29**
Mariners Ct. *Gt W* —1J **31**
Marionette Steps. Sth S —6G **29**
(off Kursaal Way)
Mariskals. *Bas* —7E **12**
Market Av. *W'fd* —3E **4**
Market Pavement. *Bas* —6J **11**
Market Pl. *Sth S* —6E **28**
Market Rd. *W'fd* —4E **4**
Market Sq. *Bas* —7J **11**
Market Sq. *R'fd* —2D **18**
Markhams. *Stan H* —4F **33**
Markhams Chase. *Bas* —5F **11**
Marks Clo. *Bill* —3C **2**
Marks Ct. *Sth S* —6G **29**
Marlborough Clo. *Ben* —5D **14**
Marlborough Rd. *Sth S* —5H **29**
Marlborough Wlk. *Hock* —5C **8**
Marlborough Way. *Bill* —2E **2**
Marlin Clo. *Ben* —6A **16**
Marlowe Clo. *Bill* —2F **3**
Marlow Gdns. *Sth S* —1C **28**
Marney Dri. *Bas* —7D **12**
Marshall Clo. *Lgh S* —2C **26**
Marshalls. *R'fd* —7K **9**
Marshalls Clo. *Ray* —2B **16**
Marsh La. *Stan H* —7B **22**
Marsh Rd. *Shoe* —7E **30**
Marsh View Ct. *Bas* —2C **22**
Martin Clo. *Bill* —6F **3**
Martindale Av. *Bas* —2F **11**
Martingale. *Ben* —7H **15**

Martingale Clo. *Bill* —2H **3**
Martingale Rd. *Bill* —2H **3**
Martins Clo. *Stan H* —4D **32**
Martins M. *Ben* —1C **24**
Martin Wlk. *Hock* —7F **9**
Martock Av. *Wclf S* —7J **17**
Martyns Gro. *Wclf S* —3K **27**
Marylands Av. *Hock* —4D **8**
Matching Grn. *Bas* —3C **12**
Matlock Rd. *Can I* —5D **34**
Maugham Clo. *W'fd* —6F **5**
Maurice Ct. Can I —6H **35**
(off Maurice Rd.)
Maurice Rd. *Can I* —6H **35**
Maya Clo. *Shoe* —5E **30**
May Av. *Can I* —4G **35**
(in two parts)
Maydells. *Bas* —7F **13**
Maydells Ct. *Bas* —7F **13**
Mayfair Av. *Bas* —4G **13**
Mayfield Av. *Hull* —1J **7**
Mayfield Av. *Sth S* —1C **28**
Mayflower Clo. *Sth S* —6K **17**
Mayflower Retail Pk. *Bas* —2B **12**
Mayflower Rd. *Bill* —5F **3**
Mayflowers. *Ben* —5B **14**
Mayland Av. *Can I* —6D **34**
Maytree Wlk. *Ben* —6C **14**
Maze, The. *Lgh S* —5F **17**
Meade Clo. *Bill* —2H **3**
Meade Rd. *Bill* —2H **3**
Meadgate. *Bas* —4G **13**
Meadow Clo. *Ben* —6H **15**
Meadow Ct. *W'fd* —3G **5**
Meadow Dri. *Bas* —5D **20**
Meadow Dri. *Sth S* —5J **29**
Meadowland Rd. *W'fd* —5J **5**
Meadow La. *Runw* —1G **5**
(in two parts)
Meadow Rise. *Bill* —5G **3**
Meadow Rd. *Ben* —3A **26**
Meadow Rd. *Hull* —1J **7**
Meadowside. *Ben* —2B **24**
Meadowside. *Ray* —2K **15**
Meadow View. *Lang H* —1A **20**
Meadow View Wlk. *Can I* —4C **34**
Meadow Way. *Hock* —5E **8**
Meadow Way. *W'fd* —1H **13**
Meadow Way, The. *Bill* —5G **3**
Meads, The. *Van* —1E **22**
Mead, The. *Lain* —4D **10**
Meadway. *Ben* —5C **14**
Meadway. *Can I* —6G **35**
Meadway. *Ray* —3B **16**
Meadway, The. *Wclf S* —5K **27**
Meakins Clo. *Lgh S* —5H **17**
Medoc Clo. *Bas* —4G **13**
Medway Cres. *Lgh S* —4D **26**
Meesons Mead. *R'fd* —1B **18**
Meggison Way. *Ben* —2C **24**
Melcombe Rd. *Ben* —2C **24**
Mellow Mead. *Bas* —4D **10**
Mellow Purgess. *Bas* —6E **10**
Mellow Purgess Clo. *Bas* —6E **10**
Mellow Purgess End. *Bas* —6E **10**
Melville Dri. *W'fd* —7F **5**
Mendip Clo. *Ray* —7H **7**
Mendip Clo. *W'fd* —4G **5**
Mendip Cres. *Wclf S* —7J **17**
Mendip Rd. *Wclf S* —1J **27**
Mentmore. *Bas* —1D **20**
Menzies Av. *Bas* —6B **10**
Meppel Av. *Can I* —2E **34**
Mercer Av. *Gt W* —1G **31**
Mercer Rd. *Bill* —2H **3**
Mercury Clo. *W'fd* —3H **5**
Meredene. *Bas* —7D **12**
Merilies Clo. *Wclf S* —2K **27**
Merilies Gdns. *Wclf S* —2K **27**
Merlin Ct. *Can I* —4F **35**
Merlin Way. *W'fd* —2F **5**
Merricks La. *Bas* —3C **22**

Merrivale. *Ben* —3C **24**
Merriwigs La. *Bas* —3C **22**
Merrydown. *Lain* —5C **10**
Merryfield. *Lgh S* —1G **27**
Merryfield App. *Lgh S* —2G **27**
Merryfields Av. *Hock* —4D **8**
Merrylands. *Bas* —5C **10**
Merrylands Chase. *Dun* —5A **10**
Mersea Cres. *W'fd* —5H **5**
Merton Rd. *Ben* —1C **24**
Merton Rd. *Hull* —3A **8**
Mess Rd. *Shoe* —7F **31**
Meteor Rd. *Wclf S* —5B **28**
Methersgate. *Bas* —5A **12**
Metz Av. *Can I* —4E **34**
Mews, The. *Hock* —5C **8**
Meyel Av. *Can I* —3G **35**
Meynell Av. *Can I* —6G **35**
Mey Wlk. *Hock* —5C **8**
Michael's Cotts. *Shoe* —6D **30**
Mid Colne. *Bas* —1B **22**
Middle Cloister. *Bill* —5F **3**
Middle Crockerford. *Bas* —1C **22**
Middle Dri. *Stan H* —4K **21**
Middle Mead. *R'fd* —2D **18**
Middle Mead. *W'fd* —3H **5**
Middleburg Rd. *Can I* —3C **34**
Middlesex Av. *Lgh S* —2H **27**
Midhurst Av. *Wclf S* —1B **28**
Midsummer Meadow. *Shoe*
—3E **30**
Milbanke Clo. *Shoe* —3E **30**
Milbourn Ct. *R'fd* —2D **18**
Mildmayes. *Bas* —1E **20**
Miles Gray Rd. *Bas* —3G **11**
Mill Cotts. *Stan H* —7B **22**
Mill Cotts. *W'fd* —1B **6**
Millfield Clo. *Ray* —1A **16**
Mill Grn. *Bas* —6E **12**
Mill Grn. Ct. *Pits* —5F **13**
Mill Grn. Pl. *Pits* —5F **13**
Millhead Way. *R'fd* —4F **19**
Mill Hill. *Ben* —5E **24**
Mill Hill Dri. *Bill* —2F **3**
Mill La. *Horn H* —3A **32**
Mill La. *R'fd* —3F **19**
Mill La. N. *Fob* —5K **21**
Mill La. S. *Fob* —7A **22**
Mill Rd. *Bill* —7B **2**
Mill View Ct. *R'fd* —3D **18**
Millview Meadows. *R'fd* —3D **18**
Milner Pl. *Bill* —2D **2**
Milton Av. *Lang H* —1A **20**
Milton Av. *Wclf S* —6C **28**
Milton Clo. *Ray* —2B **16**
(in two parts)
Milton Clo. *Sth S* —4E **28**
Milton Ct. *Wclf S* —6C **28**
Milton Hall Clo. *Gt W* —1G **31**
Milton Pl. *Sth S* —6D **28**
Milton Rd. *Stan H* —7H **21**
Milton Rd. *Wclf S* —6C **28**
Milton St. *Sth S* —4E **28**
Miltsin Av. *Can I* —3G **35**
Mimosa Clo. *Lang H* —1B **20**
Minster Clo. *Ray* —3C **16**
Minster Rd. *Lain* —6E **10**
Minton Heights. *R'fd* —5J **9**
Miramar Av. *Can I* —5C **34**
Mirror Steps. Sth S —6G **29**
(off Kursaal Way)
Mistley End. *Bas* —7A **12**
Mistley Path. *Bas* —7A **12**
Mistley Side. *Bas* —7A **12**
(in two parts)
Mitchells Av. *Can I* —4H **35**
Mitchells Wlk. *Can I* —4H **35**
Moat Edge Gdns. *Bill* —3E **2**
Moat End. *Sth S* —3B **30**
Moat Field. *Bas* —4A **12**
Moat Rise. *Ray* —3K **15**
Molineaux Ct. *Bill* —4E **2**

Mollands. *Bas* —1D **22**
Monastery Rd. *Lain* —6E **10**
Monk Gdns. *Stan H* —4E **32**
Monksford Dri. *Hull* —2H **7**
Monks Gdns. *Stan H* —4E **32**
Monks Haven. *Stan H* —4E **32**
Monkside. *Bas* —5B **12**
Monmouth M. *Lang H* —7B **10**
Monoux Clo. *Bill* —6H **3**
Mons Av. *Bill* —5H **3**
Montague Av. *Lgh S* —3D **26**
Montague Bldgs. *Sth S* —5F **29**
Montague Pl. *Can I* —5C **34**
Montague Way. *Bill* —3E **2**
Montefiore Av. *Ray* —3G **7**
Montfort Av. *Corr* —3G **33**
Montgomery Ct. *Shoe* —3E **30**
Montpelier Clo. *Bill* —2E **2**
Montsale. *Pits* —4G **13**
Moons Clo. *R'fd* —4K **9**
Moorcroft. *R'fd* —5K **9**
Moorcroft Av. *Ben* —6A **16**
Moore Clo. *Bill* —2H **3**
Moores Av. *Fob* —4A **22**
Moor Pk. Clo. *Lgh S* —7E **16**
Moor Pk. Gdns. *Lgh S* —7E **16**
Moreland Av. *Ben* —6C **14**
Moreland Clo. *Ben* —6C **14**
Moreland Clo. *Gt W* —1G **31**
Moreland Rd. *W'fd* —1E **4**
Moretons. *Bas* —6E **12**
Moretons Ct. *Bas* —6E **12**
Moretons M. *Bas* —6E **12**
Moretons Pl. *Bas* —6E **12**
Morley Hill. *Stan H* —7H **21**
Morley Link. *Stan H* —2F **33**
Mornington Av. *R'fd* —2E **18**
Mornington Cres. *Ben* —2B **26**
Mornington Cres. *Can I* —4G **35**
Mornington Mans. Wclf S —5A **28**
(off Station Rd.)
Mornington Rd. *Can I* —3F **35**
Morrells. *Bas* —1H **21**
Morrin's Chase. *Gt W* —1K **31**
Morrin's Clo. *Gt W* —1K **31**
Morris Av. *Bill* —5H **3**
Morris Ct. *Lain* —5D **10**
Mortimer Rd. *Ray* —6H **7**
Moseley St. *Sth S* —4H **29**
Moss Clo. *Bas* —2C **22**
Moss Dri. *Bas* —2C **22**
Moss Way. *W'fd* —3H **5**
Motehill. *Bas* —1E **20**
Mountain Ash Av. *Lgh S* —6D **16**
Mountain Ash Clo. *Lgh S* —6D **16**
Mount Av. *Hock* —5D **8**
Mount Av. *Ray* —1J **15**
Mount Av. *Wclf S* —4J **27**
Mountbatten Dri. *Shoe* —3E **30**
Mt. Bovers La. *Hock* —1G **17**
Mount Clo. *Ray* —2J **15**
Mount Clo. *W'fd* —3G **5**
Mount Cres. *Ben* —1E **24**
Mount Cres. *Hock* —4D **8**
Mountdale Gdns. *Lgh S* —1G **27**
Mountfield Clo. *Stan H* —4E **32**
Mountfields. *Pits* —1F **23**
Mountnessing. *Ben* —3K **25**
Mountnessing Rd. *Bill* —6D **2**
Mount Rd. *Ben* —2F **25**
(in two parts)
Mount. *W'fd* —3G **5**
Mount, The. *Bill* —4J **3**
Mount, The. *Stan H* —4F **33**
Mount View. *Bill* —5J **3**
Mountview Clo. *Van* —2C **22**
Mount Way. *W'fd* —3G **5**
Mucking Wharf Rd. *Stan H* —7C **32**
Muirway. *Ben* —5B **14**
Mulberry Gdns. *Bas* —7D **10**
Mulberry Rd. *Can I* —5A **34**
Mulberrys, The. *Sth S* —2E **28**

Parish Way. *Lain* —5E **10**
Parkanaur Av. *Sth S* —6A **30**
Park Av. *Can I* —5K **35**
Park Av. *Lgh S* —6G **17**
Park Chase. *Ben* —3A **26**
Park Clo. *W'fd* —5E **4**
Park Cres. *Wclf S* —5D **28**
Park Dri. *W'fd* —5E **4**
Parkfields. *Ben* —1H **25**
Park Gdns. *Hock* —6F **9**
Parkgate. *Wclf S* —5D **28**
Park Ga. Rd. *Corr* —5J **21**
Park Houses. *Stan H* —4F **33**
Parkhurst Dri. *Ray* —5G **7**
Parkhurst Rd. *Bas* —7F **13**
Parklands. *Bill* —4F **3**
Parklands. *Can I* —3E **34**
Parklands. *R'fd* —7K **9**
Parklands Av. *Ray* —2A **16**
Park La. *Can I* —5K **35**
Park La. *Sth S* —5G **29**
Park La. *Wclf S* —5D **28**
Parkmill Clo. *Corr* —3G **33**
Park Rd. *Ben* —6F **15**
Park Rd. *Can I* —5K **35**
Park Rd. *Corr* —4G **33**
Park Rd. *Lgh S* —4D **26**
Park Rd. *Stan H* —6B **32**
Park Rd. *Wclf S* —6D **28**
Park Side. *Bas* —5E **12**
Park Side. *Bill* —5G **3**
Park Side. *Wclf S* —4J **27**
Parkside Cen. *Sth S* —7D **18**
Parkstone Av. *Ben* —1H **25**
Parkstone Av. *W'fd* —3B **4**
Parkstone Dri. *Sth S* —2C **28**
Park St. *Wclf S* —5D **28**
Park Ter. *Wclf S* —5D **28**
Park View Ct. *Lgh S* —6G **17**
Park View Dri. *Lgh S* —7D **16**
Parkway. *Corr* —2J **33**
Parkway. *Ray* —4B **16**
Parkway Clo. *Lgh S* —5H **17**
Parkway, The. *Can I* —6F **35**
Parry Clo. *Stan H* —4D **32**
Parsonage La. *Lain* —6E **10**
Parsons Corner. *Shoe* —2D **30**
Parsons Lawn. *Shoe* —3D **30**
Parsons Rd. *Ben* —5D **14**
Partridge Grn. *Bas* —7E **12**
Paslowes. *Bas* —1D **22**
Passingham Av. *Bill* —7A **2**
Passingham Clo. *Bill* —6A **2**
Pathways. *Bas* —7C **12**
Patricia Dri. *Fob* —7A **22**
Patricia Gdns. *Bill* —6B **2**
Patterdale. *Ben* —5B **14**
Pattiswick Corner. *Bas* —5C **12**
Pattiswick Sq. *Bas* —5C **12**
Pattocks. *Bas* —6B **12**
Pauline Gdns. *Bill* —3D **2**
Pauls Ct. *Can I* —2E **34**
Paul's Rd. *Bas* —4E **10**
Pavilion Clo. *Sth S* —4J **29**
Pavilion Dri. *Lgh S* —3H **27**
Pavilion Pl. *Bill* —3D **2**
Pavilions, The. *Sth S* —6C **28**
Paxfords. *Bas* —6B **10**
Paycocke Clo. *Bas* —2D **12**
Paycocke M. *Bas* —2C **12**
Paycocke Rd. *Bas* —2C **12**
Paynters Mead. *Bas* —2C **22**
Peach Av. *Hock* —3E **8**
Pearmain Clo. *W'fd* —2F **5**
Pearsons. *Stan H* —4G **33**
Pearsons Av. *Ray* —7F **7**
Peartree Clo. *Sth S* —2G **29**
Pear Trees. *Ben* —1F **25**
Pebmarsh Rd. *W'fd* —5G **5**
Peel Av. *Shoe* —4G **31**
Peldon Pavement. *Bas* —4B **12**
Pelham Pl. *Stan H* —3E **32**

Pelham Rd. *Sth S* —4J **29**
Pemberry Hall. *Bas* —6B **12**
Pembroke Av. *Corr* —3G **33**
Pembroke Bus. Cen. *Bas* —2C **12**
Pembroke Clo. *Bill* —2E **2**
Pembroke Ct. *Bas* —7F **13**
Pembroke Ho. *R'fd* —5D **18**
Pembroke M. *Pits* —4G **13**
Pembury Rd. *Wclf S* —6A **28**
Pendine Clo. *Corr* —3G **33**
Pendle Clo. *Bas* —3E **12**
Pendle Dri. *Bas* —4D **12**
Pendlestone. *Ben* —1J **25**
Penhurst Av. *Sth S* —3D **28**
Pennial Rd. *Can I* —4E **34**
Pennine. *Sth S* —4E **28**
(off Coleman St.)
Penny La. *Stan H* —3E **32**
Penny Steps. *Sth S* —6G **29**
(off Hawtree Clo.)
Pentland Av. *Shoe* —6C **30**
Penwood Clo. *Bill* —1H **3**
Percy Cottis Rd. *R'fd* —1C **18**
Percy Rd. *Lgh S* —3F **27**
Peregrine Clo. *Bas* —1K **21**
Peregrine Clo. *Shoe* —3E **30**
Peregrine Dri. *Ben* —3C **24**
Peregrine Gdns. *Ray* —1H **15**
Perry Grn. *Bas* —4K **11**
Perry Rd. *Ben* —2B **24**
Perry Spring. *Bas* —1B **22**
Perry St. *Bill* —4D **2**
Peterborough Way. *Bas* —4D **12**
Peters Ct. *Lain* —6D **10**
Petworth Gdns. *Sth S* —3K **29**
Pevensey Clo. *Pits* —6F **13**
Pevensey Gdns. *Hull* —2K **7**
Philbrick Cres. *Ray* —1J **15**
(in two parts)
Philmead Rd. *Ben* —3B **24**
Philpott Av. *Sth S* —3H **29**
Phoenix Way. *Ray* —5J **15**
Picasso Way. *Shoe* —4G **31**
Picketts. *Can I* —4B **34**
Picketts Av. *Lgh S* —1G **27**
Picketts Clo. *Lgh S* —1G **27**
Pickwick Clo. *Lain* —5F **11**
Picton Clo. *Ray* —3A **16**
Picton Gdns. *Ray* —3A **16**
Pier App. *Sth S* —6E **28**
Piercys. *Bas* —7F **13**
Pier Hill. *Sth S* —6E **28**
Pierrot Steps. *Sth S* —6G **29**
(off Kursaal Way)
Pilgrims Clo. *Bill* —5F **3**
Pilgrims Clo. *Sth S* —4J **29**
Pilgrims Wlk. *Bill* —5F **3**
Pilgrims Way. *Ben* —2B **26**
Pilgrim Way. *Lain* —6E **10**
Pilot Clo. *W'fd* —6J **5**
Pincey Mead. *Bas* —7E **12**
Pine Clo. *Can I* —5C **34**
Pine Clo. *Lgh S* —7D **16**
Pine Clo. *W'fd* —6E **4**
Pine Rd. *Ben* —3K **25**
Pines, The. *Lain* —3E **10**
Pinetrees. *Ben* —2J **25**
Pinewood Av. *Lgh S* —6F **17**
Pinewood Clo. *Hull* —1J **7**
Pinmill. *Bas* —6K **11**
Pintails. *Pits* —6G **13**
Pippin Ct. *W'fd* —3H **5**
Pipps Hill Ind. Est. *Bas* —3H **11**
Pipps Hill Rd. N. *Cray H* —1K **11**
Pitmans Clo. *Sth S* —5E **28**
Pitsea Hall La. *Pits* —4F **23**
Pitsea Rd. *Pits* —6E **12**
Pitsea View Rd. *Cray H* —7A **4**
Pitseaville Gro. *Bas* —1C **22**
Pittfields. *Bas* —7C **10**
Pladda M. *W'fd* —6H **5**
Plaistow Clo. *Stan H* —5D **32**

Plashet Clo. *Stan H* —5D **32**
Plashetts. *Bas* —5B **12**
Plas Newydd. *Sth S* —7J **29**
Plas Newydd Clo. *Sth S* —7J **29**
Plaza Way. *Sth S* —5H **29**
Pleasant Dri. *Bill* —4C **2**
Pleasant M. *Sth S* —6F **29**
Pleasant Rd. *Sth S* —6F **29**
Pleasant Ter. *Lgh S* —5G **27**
(off Church Hill)
Pleshey Clo. *Sth S* —4A **30**
Pleshey Clo. *W'fd* —5G **5**
Plowmans. *Ray* —7J **7**
Plumberow. *Bas* —6G **11**
Plumberow Av. *Hock* —4E **8**
Plumberow Mt. Av. *Hock* —3E **8**
Plumleys. *Pits* —5F **13**
Plymtree. *Sth S* —3C **30**
Point Clo. *Can I* —5K **35**
Point Rd. *Can I* —5J **35**
Poley Rd. *Stan H* —6C **32**
Pollards Clo. *R'fd* —2C **18**
Polstead Clo. *Ray* —2G **15**
Polsteads. *Bas* —2C **22**
Pomfret Mead. *Bas* —6J **11**
Poors La. *Ben* —1A **26**
Poors La. N. *Ben* —7B **16**
Popes Cres. *Bas* —7F **13**
Popes Wlk. *Ray* —2C **16**
Poplar Rd. *Can I* —5G **35**
Poplar Rd. *Ray* —4B **16**
Poplars Av. *Hock* —7E **8**
Poplars, The. *Bas* —6G **13**
Poppyfield Clo. *Lgh S* —6F **17**
Porchester Rd. *Bill* —2E **2**
Porlock Av. *Wclf S* —1J **27**
Porters. *Bas* —4G **13**
Portland Av. *Sth S* —5F **29**
Portman Dri. *Bill* —2F **3**
Post Meadow. *Bill* —7B **2**
Potash Rd. *Bill* —1H **3**
Potters Way. *Sth S* —7D **18**
Pound La. *Lain* —4F **11**
Pound La. *Pits & N Ben* —7K **13**
Pound La. Central. *Lain* —3F **11**
Pound La. N. *Lain* —3F **11**
Powell Ct. *R'fd* —3D **18**
Powell Rd. *Bas* —5D **10**
Poynings Av. *Sth S* —4H **29**
Poyntens. *Ray* —3J **15**
Poynter's Chase. *Shoe* —3J **31**
Poynters La. *Shoe* —2D **30**
Precinct, The. *Stan H* —6D **32**
Prentice Clo. *R'fd* —2D **18**
Prescott. *Bas* —2E **20**
Preston Gdns. *Ray* —7H **7**
Preston Rd. *Wclf S* —5B **28**
Prestwood Clo. *Ben* —6F **15**
Prestwood Dri. *Ben* —6G **15**
Pretoria Av. *Lain* —3H **11**
Primrose Clo. *Bas* —1D **20**
Primrose Clo. *Can I* —2E **34**
Prince Av. *Wclf S & Sth S* —7J **17**
Prince Av. N. *Wclf S* —7K **17**
Prince Clo. *Wclf S* —7A **18**
Prince Edward Rd. *Bill* —5G **3**
Princes Av. *Ben* —7F **15**
Princes Av. *Corr* —4G **33**
Princes Clo. *Bill* —1G **3**
Princes Clo. *Lain* —4G **11**
Princes Ct. *Bill* —1G **3**
Princes Ct. *Sth S* —1C **28**
Princes M. *Bill* —1G **3**
Princes Rd. *Can I* —5D **34**
Princess Ct. *W'fd* —3J **5**
Princess Gdns. *R'fd* —6J **9**
Princess Rd. *Ray* —1B **16**
Princes St. *Sth S* —5D **28**
Prince William Av. *Can I* —2D **34**
Priories, The. *Hull* —2H **7**
Priors Clo. *Bas* —6A **12**
Priors E. *Bas* —6A **12**

Priory Av. *Sth S* —2D **28**
Priory Cres. *Sth S* —1C **28**
Priory Cres. Ind. Area. *Sth S*
—1D **28**
Priory Ho. *Wclf S* —2C **28**
Priory Ind. Pk. *Sth S* —1E **28**
Priory Rd. *Stan H* —4E **32**
Priory, The. *Bill* —2G **3**
Priory View Rd. *Lgh S* —7G **17**
Priory Wood Cres. *Lgh S* —7G **17**
Priorywood Dri. *Lgh S* —7G **17**
Prittle Clo. *Ben* —7J **15**
Prittlewell Chase. *Wclf S* —2K **27**
Prittlewell Path. *Sth S* —3E **28**
Prittlewell Sq. *Sth S* —6D **28**
Prittlewell St. *Sth S* —1E **28**
Progress Rd. *Lgh S* —6E **16**
Promenade, The. *Shoe* —7C **30**
Prospect Av. *Stan H* —6B **32**
Prospect Clo. *Bas* —6G **29**
Protea Way. *Can I* —4F **35**
Prout Ind. Est. *Can I* —5K **35**
Prower Clo. *Bill* —1G **3**
Puck La. *Bas* —7A **12**
Puckleside. *Bas* —1E **20**
Puffin Pl. *Shoe* —3E **30**
Pugh Pl. *Stan H* —3D **32**
Pulpits Clo. *Hock* —4F **9**
Pump St. *Horn H* —5A **32**
Purcell Clo. *Bas* —4F **11**
Purcell Clo. *Stan H* —4C **32**
Purcell Way. *Stan H* —4C **32**
Purdeys Ind. Est. *R'fd* —4E **18**
Purdeys Way. *R'fd* —4E **18**
Purleigh Clo. *Bas* —3G **13**
Purleigh Rd. *Ray* —1H **15**
Purley Way. *Wclf S* —7A **18**

*Q*uantock. *Sth S* —5E **28**
(off Chichester Rd.)
Quebec Av. *Sth S* —5F **29**
(in two parts)
Queen Anne's Clo. *Wclf S* —1A **28**
Queen Anne's Dri. *Wclf S* —1A **28**
Queen Anne's Gro. *Hull* —3H **7**
Queen Anne's M. *Wclf S* —1A **28**
Queen Elizabeth Chase. *R'fd*
—5D **18**
Queen Elizabeth Dri. *Corr* —2F **33**
Queens Av. *Lgh S* —4G **27**
Queen's Ct. *Lgh S* —5H **27**
Queens Ga. M. *Bill* —2D **2**
Queensland Av. *R'fd* —5D **18**
Queens Lodge. *Ben* —2J **25**
Queensmere. *Ben* —1H **25**
Queens Pk. Av. *Bill* —3E **2**
Queens Pk. Lodge. *Bill* —3E **2**
Queens Rd. *Bas* —3E **10**
Queen's Rd. *Ben* —3D **24**
Queens Rd. *Lgh S* —5H **27**
Queens Rd. *Ray* —3K **15**
Queen's Rd. *Sth S* —5D **28**
Queensway. *Sth S* —5D **28**
Quendon Rd. *Bas* —4C **12**
Quilters Clo. *Bas* —4B **12**
Quilters Dri. *Bill* —7E **2**
Quilters Straight. *Bas* —4B **12**
Quorn Gdns. *Lgh S* —4C **26**
Quys La. *R'fd* —2D **18**

*R*achael Clarke Clo. *Corr* —3E **32**
Rackenford. *Shoe* —4D **30**
Radford Bus. Cen. *Bill* —4D **2**
Radford Ct. *Bill* —4F **3**
Radford Cres. *Bill* —4E **2**
Radford Ho. *Bill* —4F **3**
Radford Way. *Bill* —4F **3**
Radnor Rd. *R'fd* —2J **9**
Radstocks. *Bill* —4F **3**
Radwinter Av. *W'fd* —4F **5**

St Agnes Rd. *Bill* —1E **10**
St Andrews Clo. *Can I* —4B **34**
St Andrews La. *Lain* —5E **10**
St Andrews Rd. *R'fd* —2C **18**
St Andrew's Rd. *Shoe* —6C **30**
St Annes Clo. *Lain* —5E **10**
St Annes Rd. *Can I* —5H **35**
St Ann's Rd. *Sth S* —4E **28**
St Augustine's Av. *Sth S* —6B **30**
St Benet's Rd. *Sth S* —2D **28**
St Catherines Clo. *W'fd* —3H **5**
St Chad Clo. *Lain* —5E **10**
St Charles Dri. *W'fd* —4G **5**
St Christophers Clo. *Can I* —4B **34**
St Clare Meadow. *R'fd* —1D **18**
St Clements Av. *Lgh S* —3G **27**
St Clement's Clo. *Ben* —7C **14**
St Clement's Clo. *Hock* —7G **6**
St Clements Ct. *Lgh S* —5F **27**
St Clements Ct. E. Lgh S —5F **27**
(off Broadway W.)
St Clement's Cres. *Ben* —7D **14**
St Clements Dri. *Lgh S* —2G **27**
St Clement's Rd. *Ben* —7C **14**
St Cleres Cres. *W'fd* —4H **5**
St David's Dri. *Lgh S* —2C **26**
St David's Rd. *Bas* —1D **20**
St David's Ter. *Lgh S* —2C **26**
St Davids Wlk. *Can I* —4B **34**
St David's Way. *W'fd* —4G **5**
St Edith's Ct. *Bill* —6E **2**
St Edith's La. *Bill* —6E **2**
St Edmund's Clo. *Sth S* —2G **29**
St Gabriels Ct. *Bas* —7F **13**
St George's Dri. *Wclf S* —2C **28**
St George's La. *Shoe* —6F **31**
St George's Pk. Av. *Wclf S* —4K **27**
St George's Wlk. *Ben* —6B **14**
St George's Wlk. *Can I* —4B **34**
St Guiberts Rd. *Can I* —3C **34**
St Helen's Rd. *Wclf S* —5C **28**
St Helens Wlk. *Bill* —3D **2**
St James Av. *Sth S* —6B **30**
St James Av. E. *Stan H* —4E **32**
St James Av. W. *Stan H* —4E **32**
St James Clo. *Can I* —4B **34**
St James Clo. *Wclf S* —2J **27**
St James Gdns. *Wclf S* —2J **27**
St James M. *Bill* —5E **2**
St James Rd. *Van* —7B **12**
(in two parts)
St James Wlk. Hock —5C **8**
(off Belvedere Av.)
St John's Clo. *Gt W* —1H **31**
St Johns Clo. *Lain* —5E **10**
St John's Ct. *Wclf S* —6D **28**
St Johns Cres. *Can I* —4B **34**
St Johns Dri. *Ray* —7D **6**
St John's M. *Corr* —3F **33**
St John's Rd. *Ben* —2J **25**
St John's Rd. *Bill* —4F **3**
St John's Rd. *Gt W* —1H **31**
St John's Rd. *Wclf S* —5C **28**
St John's Way. *Corr* —3F **33**
St Katherines Ct. *Can I* —5C **34**
St Lawrence Ct. *Lgh S* —6G **17**
St Lawrence Gdns. *Lgh S* —6G **17**
St Leonard's Rd. *Sth S* —6F **29**
St Lukes Clo. *Can I* —4B **34**
St Luke's Rd. *Sth S* —3F **29**
St Margaret's Av. *Stan H* —7C **32**
St Marks Field. *R'fd* —2C **18**
St Mark's Rd. *Ben* —2J **25**
St Marks Rd. *Can I* —4B **34**
St Martin's Clo. *Ben* —5B **14**
St Martin's Clo. *Ray* —4J **15**
St Martins Sq. *Bas* —6J **11**
St Mary's Av. *Bill* —5E **2**
St Mary's Clo. *Ben* —4D **24**
St Mary's Clo. *Shoe* —2D **30**
St Mary's Ct. *Sth S* —3C **28**
St Mary's Cres. *Bas* —5G **13**

St Mary's Dri. *Ben* —4D **24**
St Mary's Path. *Bas* —5G **13**
St Mary's Rd. *Ben* —5D **24**
St Mary's Rd. *Sth S* —3D **28**
St Marys Rd. *W'fd* —6D **4**
St Michaels Av. *Bas* —1F **23**
St Michael's Rd. *Ben* —6B **16**
St Michaels Rd. *Can I* —4B **34**
St Nicholas La. *Bas* —5E **10**
St Omer Clo. *W'fd* —5G **5**
St Paul's Ct. Wclf S —5C **28**
(off Salisbury Av.)
St Pauls Gdns. *Bill* —3E **2**
St Paul's Rd. *Can I* —4B **34**
St Peter's Ct. *Wclf S* —1A **28**
St Peter's Pavement. *Bas* —3D **12**
St Peters Rd. *Can I* —4B **34**
St Peters Rd. *Hock* —4B **8**
St Peter's Ter. *W'fd* —4E **4**
St Peters Wlk. *Bill* —3D **2**
St Vincents Rd. *Wclf S* —6C **28**
Sairard Clo. *Lgh S* —5F **17**
Sairard Gdns. *Lgh S* —5F **17**
Salcott Cres. *W'fd* —4F **5**
Salem Wlk. *Ray* —7F **7**
Salesbury Dri. *Bill* —5H **3**
Saling Grn. *Bas* —2H **11**
Salisbury Av. *Stan H* —6D **32**
Salisbury Av. *Wclf S* —4C **28**
Salisbury Ct. *Lgh S* —4F **27**
Salisbury Rd. *Lgh S* —3E **26**
Salisbury Side. *Bas* —5D **12**
Saltings, The. *Ben* —2K **25**
Samson Ho. *Lain* —3D **10**
Samuel Rd. *Bas* —1D **20**
Samuels Dri. *Sth S* —4B **30**
Sanctuary Garden. *Stan H* —5E **32**
Sanctuary Rd. *Lgh S* —2C **26**
Sandbanks. *Ben* —3K **25**
Sanderlings. *Ben* —3C **24**
Sanderson Ct. *Ben* —7C **14**
Sanders Rd. *Can I* —2E **34**
Sandhill Rd. *Lgh S* —4E **16**
Sandhurst. *Can I* —5A **34**
Sandhurst Clo. *Lgh S* —1H **27**
Sandhurst Cres. *Lgh S* —1H **27**
Sandleigh Rd. *Lgh S* —4J **27**
Sandon Clo. *Bas* —7D **12**
Sandon Clo. *R'fd* —1B **18**
Sandon Ct. *Bas* —7D **12**
Sandon Rd. *Bas* —7D **12**
Sandown Av. *Wclf S* —3K **27**
Sandown Clo. *W'fd* —4H **5**
Sandown Rd. *Ben* —5H **15**
Sandown Rd. *W'fd* —4J **5**
Sandpiper Clo. *Shoe* —4E **30**
Sandpipers. Shoe —6G **31**
(off Rampart Ter.)
Sandpit Rd. *Shoe* —4H **31**
Sandringham Av. *Hock* —5C **8**
Sandringham Clo. *Stan H* —4E **32**
Sandringham Rd. *Lain* —4G **11**
Sandringham Rd. *Sth S* —5H **29**
San Remo Pde. *Wclf S* —6C **28**
San Remo Rd. *Can I* —5H **35**
Santour Rd. *Can I* —3C **34**
Sark Gro. *W'fd* —6J **5**
Satanita Rd. *Wclf S* —5A **28**
Savoy Clo. *Lang H* —7C **10**
Saxon Clo. *Ray* —6J **7**
Saxon Clo. *W'fd* —2G **5**
Saxon Ct. *Ben* —7C **14**
(in two parts)
Saxon Gdns. *Shoe* —5C **30**
Saxonville. *Ben* —1B **24**
Saxon Way. *Ben* —3C **24**
Sayers. *Ben* —6G **15**
Scaldhurst. *Pits* —4G **13**
Scarborough Dri. *Lgh S* —3G **27**
Scarletts. *Bas* —4A **12**
School La. *Ben* —5D **24**
School La. *N Ben* —2A **14**

School Rd. *Bill* —7E **2**
School Way. *Lgh S* —2H **27**
Scimitar Pk. *Bas* —2H **13**
Scott Dri. *W'fd* —6G **5**
Scott Ho. *Lgh S* —5J **17**
Scotts Wlk. *Ray* —2C **16**
Scratton Rd. *Sth S* —6D **28**
Scratton Rd. *Stan H* —5D **32**
Scrub La. *Ben* —2A **26**
Scrub Rise. *Bill* —7D **2**
Seabrink. *Lgh S* —5H **27**
Seaforth Av. *Sth S* —3G **29**
Seaforth Gro. *Sth S* —3H **29**
Seaforth Rd. *Wclf S* —6B **28**
Seamore Av. *Ben* —6C **14**
Seamore Clo. *Ben* —6B **14**
Seamore Wlk. *Ben* —5C **14**
Sea Reach. *Lgh S* —5G **27**
Seaview Av. *Bas* —2B **22**
Seaview Dri. *Gt W* —1J **31**
Seaview Rd. *Can I* —5J **35**
Seaview Rd. *Lgh S* —5J **27**
Seaview Rd. *Shoe* —6D **30**
Seaview Ter. *Ben* —4K **25**
Seaway. *Can I* —6F **35**
Seaway. *Sth S* —6F **29**
Seax Ct. *Bas* —5B **10**
Seax Way. *Bas* —5B **10**
Sebert Clo. *Bill* —6B **2**
Second Av. *Ben* —6G **15**
Second Av. *Can I* —4B **34**
Second Av. *Hull* —2K **7**
Second Av. *Lang H* —1A **20**
Second Av. *Stan H* —4D **32**
Second Av. *Wclf S* —6K **27**
Second Av. *W'fd* —5J **5**
Seddons Wlk. *Hock* —5C **8**
Sedgemoor. *Shoe* —2D **30**
Selbourne Rd. *Ben* —7D **14**
Selbourne Rd. *Hock* —5E **8**
Selbourne Rd. *Sth S* —2F **29**
Seldon Clo. *Wclf S* —2K **27**
Selworthy Clo. *Bill* —6A **2**
Selwyn Rd. *Sth S* —3G **29**
Semples. *Stan H* —5F **33**
Seven Acres. *W'fd* —3G **5**
Seventh Av. *Can I* —4C **34**
Sewards End. *W'fd* —5G **5**
Seymour Clo. *Lain* —6F **11**
Seymour Gdns. *Bill* —2E **2**
Seymour Rd. *Ben* —3B **26**
Seymour Rd. *Wclf S* —4A **28**
Shaftesbury Av. *Sth S* —7H **29**
Shaftesbury Ct. *Pits* —4F **13**
Shakespeare Av. *Bas* —7C **10**
Shakespeare Av. *Bill* —5G **3**
Shakespeare Av. *Ray* —2C **16**
Shakespeare Av. *Wclf S* —3C **28**
Shakespeare Dri. *Wclf S* —3C **28**
Shalford Rd. *Bill* —5H **3**
Shanklin Av. *Bill* —5E **2**
Shanklin Dri. *Wclf S* —3K **27**
Shannon Av. *Ray* —3J **15**
Shannon Clo. *Lgh S* —1G **27**
Shannon Sq. *Can I* —5B **34**
Shannon Way. *Can I* —5B **34**
Sharlands Clo. *W'fd* —3H **5**
Sharnbrook. *Shoe* —2D **30**
Shaw Clo. *W'fd* —6F **5**
Sheering Ct. *Ray* —1G **15**
Sheldon Clo. *Corr* —2H **33**
Sheldon Rd. *Can I* —5J **35**
Shellbeach Rd. *Can I* —6H **35**
Shelley Av. *Bas* —7C **10**
Shelley Pl. *Ray* —1G **15**
Shelley Sq. *Sth S* —7A **24**
Shelsley Dri. *Bas* —2E **20**
Shepard Clo. *Lgh S* —6J **17**
Shepeshall. *Bas* —6G **11**
Shepherds Clo. *Ben* —1A **26**
Shepherds Wlk. *Ben* —1A **26**
Sherborne Dri. *Bas* —3E **12**

Sherbourne Gdns. *Sth S* —6D **18**
Sheridan Av. *Ben* —2H **25**
Sheridan Clo. *Ray* —2B **16**
Sheringham Clo. *Stan H* —4E **32**
Sheriton Sq. *Ray* —7H **7**
Sherry Way. *Ben* —6A **16**
Sherwood Clo. *Lang H* —1C **20**
Sherwood Cres. *Ben* —1A **26**
Sherwood Way. *Sth S* —2J **29**
Shillingstone. *Shoe* —3D **30**
Shipwrights Clo. *Ben* —3H **25**
Shipwrights Dri. *Ben* —3H **25**
Shire Clo. *Bill* —3H **3**
Shirley Gdns. *Bas* —4G **13**
Shirley Rd. *Lgh S* —7G **17**
Shoebury Av. *Shoe* —5F **31**
Shoebury Comn. Rd. *Shoe* —7C **30**
Shoebury Rd. *Gt W* —1H **31**
Shoebury Rd. *Sth S* —3A **30**
Shopland Rd. *R'fd & Gt W* —5F **19**
Shorefield Ct. Wclf S —6C **28**
(off Station Rd.)
Shorefield Gdns. *Wclf S* —6C **28**
Shorefield Rd. *Wclf S* —6B **28**
Shorefields. *Ben* —2B **24**
Shortacre. *Bas* —6A **12**
Shortlands. *Bas* —6K **11**
Short Rd. *Ben* —3K **25**
Short Rd. *Can I* —4F **35**
Short St. *Sth S* —4E **28**
Shrewsbury Clo. *Lang H* —7B **10**
Shrewsbury Dri. *Ben* —5D **14**
Shrubbery Clo. *Lain* —4F **11**
Sidmouth Av. *Wclf S* —7B **18**
Sidwell Av. *Ben* —4E **24**
Sidwell Chase. *Ben* —4E **24**
Sidwell La. *Ben* —4E **24**
Sidwell Pk. *Ben* —4E **24**
Silchester Corner. *Gt W* —1B **30**
Silva Island Way. *W'fd* —6H **5**
Silverdale. *Ben* —5F **15**
Silverdale. *Ray* —4A **16**
Silverdale. *Stan H* —3D **32**
Silverdale Av. *Wclf S* —3C **28**
Silverdale E. *Stan H* —3D **32**
Silvermere. *Bas* —7C **10**
Silverpoint Marine. *Can I* —5K **35**
Silversea Dri. *Wclf S* —7B **18**
Silverthorn. *Can I* —5D **34**
Silverthorn Clo. *R'fd* —7K **9**
Silvertown Av. *Stan H* —5D **32**
Silvertree Clo. *Hock* —5B **8**
Silver Way. *W'fd* —3E **4**
Simon Way. *Bill* —6D **2**
Sinclair Wlk. *W'fd* —6F **5**
Sirdar Rd. *Ray* —4K **15**
Sir Walter Raleigh Dri. *Ray* —7F **7**
Sixth Av. *Ben* —7G **15**
Sixth Av. *Can I* —4C **34**
Skelter Steps. Sth S —6G **29**
(off Hawtree Clo.)
Skylark Clo. *Bill* —6G **3**
Slades, The. *Bas* —3C **22**
Sloane M. *Bill* —2D **2**
Smallgains Av. *Can I* —4H **35**
Smartt Av. *Can I* —4E **34**
Smilers Ind. Est. *Bas* —4K **13**
Smithers Chase. *Sth S* —7F **19**
Smith St. *Shoe* —6F **31**
Smythe Clo. *Bill* —2H **3**
Smythe Rd. *Bill* —2H **3**
Snakes La. *Sth S* —7H **17**
Snowdonia Clo. *Pits* —4G **13**
Soane St. *Bas* —3F **13**
Softwater La. *Ben* —2K **25**
Solby's La. *Ben* —2A **26**
Somercotes Ct. *Bas* —7E **10**
Somerdean. Bas —6G **13**
(off Manor Av.)
Somerdene. *Bas* —6G **13**
Somerset Av. *R'fd* —1C **18**
Somerset Av. *Wclf S* —1K **27**

Somerset Cres. *Wclf S* —1K **27**
Somerset Gdns. *Bas & Pits*
(in two parts) —6F **13**
Somerset Rd. *Bas* —6D **10**
Somerton Av. *Wclf S* —7K **17**
Somerville Gdns. *Lgh S* —5H **27**
Somnes Av. *Can I* —2C **34**
Sonning Way. *Shoe* —3D **30**
Sopwith Cres. *W'fd* —6K **5**
Sorrells, The. *Ben* —5D **18**
Sorrells, The. *Stan H* —5F **33**
South Av. *Hull* —2J **7**
South Av. *Lang H* —5D **20**
South Av. *Sth S* —4F **29**
S. Beech Av. *W'fd* —4F **5**
Southborough Dri. *Wclf S* —3K **27**
Southbourne Gdns. *Wclf S* —1K **27**
Southbourne Gro. *Hock* —5G **9**
Southbourne Gro. *Wclf S* —4K **27**
Southbourne Gro. *W'fd* —3C **4**
Southchurch Av. *Shoe* —5G **31**
Southchurch Av. *Sth S* —5F **29**
Southchurch Boulevd. *Sth S*
—4J **29**
Southchurch Hall Clo. *Sth S*
—5G **29**
Southchurch Rectory Chase.
Sth S —4J **29**
Southchurch Rd. *Sth S* —5E **28**
Southcliff. *Ben* —1C **24**
S. Colne. *Bas* —1B **22**
Southcote Cres. *Bas* —4C **12**
Southcote Row. *Bas* —4D **12**
Southcote Sq. *Bas* —4C **12**
South Cres. *Sth S* —7B **18**
S. Crockerford. *Bas* —1C **22**
Southend Airport Retail Pk. *Sth S*
—6C **18**
Southend Arterial Rd. *Bas & W'fd*
—4A **10**
Southend Arterial Rd. *Ray &*
Lgh S —2D **14**
Southend Rd. *Bill* —6F **3**
Southend Rd. *Gt W* —1B **30**
Southend Rd. *Hock* —6D **8**
Southend Rd. *R'fd* —6D **18**
Southend Rd. *Stan H* —5D **32**
Southend Rd. *W'fd* —3G **5**
(in two parts)
Southernhay. *Bas* —7J **11**
(in two parts)
Southernhay. *Lgh S* —7F **17**
Southfalls Rd. *Can I* —5K **35**
Southfield Clo. *Ben* —7A **16**
Southfield Dri. *Ben* —7A **16**
Southfields Ind. Pk. *Bas* —5B **10**
S. Gunnels. *Bas* —6K **11**
S. Hanningfield Way. *Runw* —1F **5**
(in two parts)
South Hill. *Horn H* —4A **32**
South Hill. *Stan H & Lang H*
—7B **20**
S. Hill Cres. *Horn H* —4A **32**
Southlands Cotts. *W'fd* —1J **5**
Southlands Rd. *Cray H* —5A **4**
S. Mayne. *Bas* —6D **12**
South Pde. *Can I* —6J **35**
S. Ridge. *Bill* —6G **3**
S. Riding. *Bas* —6C **12**
South Rd. *Bill* —6A **4**
South Rd. *Stan H* —4A **22**
Southsea Av. *Lgh S* —3F **27**
South St. *R'fd* —3D **18**
S. View Clo. *Ray* —4B **16**
Southview Dri. *Bas* —4H **13**
Southview Dri. *Wclf S* —4A **28**
S. View Rd. *Ben* —2C **24**
Southview Rd. *Hock* —4F **9**
Southview Rd. *Van* —7C **12**
South Wlk. *Bas* —7J **11**
Southwalters. *Can I* —4D **34**
Southwark Path. *Bas* —5D **12**

S. Wash Rd. *Lain* —3G **11**
Southway. *Bas* —4G **21**
Southwell Rd. *Ben* —1E **24**
Southwick Gdns. *Can I* —5D **34**
Southwick Rd. *Can I* —5D **34**
Southwold Cres. *Ben* —7C **14**
Southwood Gdns. *Lgh S* —4D **16**
Sovereign Clo. *R'fd* —2C **18**
Spa Clo. *Hock* —5E **8**
Spa Ct. *Hock* —5E **8**
Spains Hall Pl. *Bas* —7A **12**
Spanbeek Rd. *Can I* —3F **35**
Sparkbridge. *Lain* —6C **10**
Spa Rd. *Hock* —5D **8**
Sparrows Herne. *Bas* —2J **21**
Spellbrook Clo. *W'fd* —5H **5**
Spencer Gdns. *R'fd* —6K **9**
Spencer Ho. *Lgh S* —2G **27**
Spencer Rd. *Ben* —7D **14**
Spencers. *Hock* —7F **9**
Spencers Ct. *W'fd* —4E **4**
Spenders Clo. *Bas* —4B **12**
Speyside Wlk. *W'fd* —6G **5**
Spindle Beams. *R'fd* —3D **18**
Spinnakers, The. *Ben* —1B **24**
Spinney Clo. *W'fd* —4H **5**
Spinneys, The. *Hock* —6D **8**
Spinneys, The. *Lgh S* —5H **17**
Spinneys, The. *Ray* —3C **16**
Spinney, The. *Bill* —3F **3**
Spinneywood. *Lain* —4C **10**
Spire Rd. *Lain* —5E **10**
Sporhams. *Bas* —1G **21**
Springfield. *Ben* —1K **25**
Springfield Ct. *Ray* —7E **6**
Springfield Dri. *Wclf S* —2B **28**
Springfield Rd. *Bill* —2F **3**
Springfield Rd. *Can I* —5K **35**
Springfield Rd. *W'fd* —3H **5**
Springfields. *Bas* —2D **22**
Spring Gdns. *Ray* —2J **15**
Springhouse La. *Corr* —4G **33**
Springhouse Rd. *Corr* —3E **32**
Springleigh Pl. *Wclf S* —3B **28**
Springwater Clo. *Lgh S* —5E **16**
Springwater Gro. *Lgh S* —5E **16**
Springwater Rd. *Lgh S* —4D **16**
Spruce Clo. *Lain* —3E **10**
Sprundel Av. *Can I* —6H **35**
Spur, The. *Hock* —2C **8**
Square, The. *Horn H* —4A **32**
Squirrels. *Lain* —2D **20**
Stacey Dri. *Bas* —3E **20**
Stack Av. *Bas* —1A **20**
Stadium Rd. *Sth S* —4E **28**
Stadium Trad. Est. *Ray* —5K **15**
Stafford Clo. *Lgh S* —6J **17**
Stafford Grn. *Lang H* —1B **20**
Stafford Wlk. *Can I* —3E **34**
Stagden Cross. *Bas* —7D **12**
Stairs Rd. *Gt W* —1K **31**
Stambridge Rd. *R'fd* —2D **18**
Staneway. *Bas* —2E **20**
Stanfield Rd. *Sth S* —4E **28**
Stanford Hall. *Corr* —4F **33**
Stanford-le-Hope By-Pass. *Stan H*
—2D **32**
Stanford Rd. *Can I* —5E **34**
Stanford Rd. *Grays & Stan H*
—7A **32**
Stanier Clo. *Sth S* —5G **29**
Stanley Rd. *Ben* —7D **14**
Stanley Rd. *Can I* —4H **35**
Stanley Rd. *R'fd* —4J **9**
Stanley Ter. *Bill* —6E **2**
Stanmore Rd. *W'fd* —5K **5**
Stannetts. *Lain* —4D **10**
Stansfield Ct. *Ben* —5B **14**
(off Stansfield Rd.)
Stansfield Rd. *Ben* —5B **14**

Stansted Clo. *Bill* —5H **3**
Stanway Rd. *Ben* —7C **14**
Stapleford End. *W'fd* —6K **5**
Staplegrove. *Shoe* —4D **30**
Star La. *Gt W* —1E **30**
Star La. Ind. Est. *Gt W* —1F **31**
Station App. *Can I* —2D **34**
Station App. *Hock* —5E **8**
Station App. *Lain* —7E **10**
Station App. *Pits* —1F **23**
Station App. *Sth S* —3D **28**
(Prittlewell)
Station App. *Sth S* —5E **28**
(Southend Central)
Station App. *W'fd* —3F **5**
Station Av. *Ray* —1H **15**
Station Av. *Sth S* —2E **28**
Station Av. *W'fd* —3E **4**
Station Ct. *W'fd* —3F **5**
Station Cres. *Ray* —1K **15**
Station Ga. *Lain* —7E **10**
Station La. *Bas* —7F **13**
Station Rd. *Ben* —5D **24**
Station Rd. *Bill* —5D **2**
Station Rd. *Can I* —5J **35**
Station Rd. *Hock* —5E **8**
Station Rd. *Lgh S* —2G **27**
(in two parts)
Station Rd. *Ray* —1J **15**
Station Rd. *Sth S* —4B **30**
Station Rd. *W'fd* —1E **4**
Station Way. *Bas* —7J **11**
Stebbings. *Bas* —1E **20**
Steeple Clo. *R'fd* —1B **18**
Steeplefield. *Lgh S* —6F **17**
Steeplehall. *Bas* —7F **13**
Steeple Heights. *Ben* —6A **14**
Steli Av. *Can I* —2D **34**
Stella Maris Clo. *Can I* —5K **35**
Stephenson Rd. *Lgh S* —6E **16**
Sterling Clo. *Ray* —6F **7**
Stevens Clo. *Can I* —4H **35**
Stevenson Way. *W'fd* —6E **4**
Stewart Ct. *Lgh S* —3D **26**
Stewart Pl. *W'fd* —5H **5**
Steyning Av. *Sth S* —3J **29**
Stile La. *Ray* —2K **15**
Stilemans. *W'fd* —3F **5**
Stirling Av. *Lgh S* —3D **26**
Stirling Pl. *Bas* —4F **13**
Stock Clo. *Sth S* —1D **28**
Stock Ind. Pk. *Sth S* —1D **28**
Stock Pk. Ct. *Lgh S* —6G **17**
Stock Rd. *Bill & Stock* —4F **3**
Stock Rd. *Sth S* —7D **18**
Stockwell Clo. *Bill* —6B **2**
Stockwood. *Ben* —5H **15**
Stokefield. *Pits* —5F **13**
Stonechat Rd. *Bill* —7G **3**
Stonehill Clo. *Lgh S* —1H **27**
Stonehill Rd. *Lgh S* —1G **27**
Stoneleighs. *Ben* —6F **15**
Stormonts Way. *Bas* —3F **21**
Stornoway Rd. *Sth S* —4G **29**
Stour Clo. *Shoe* —6E **30**
Strangman Av. *Ben* —2H **25**
Strasbourg Rd. *Can I* —3H **35**
Stratford Gdns. *Stan H* —4D **32**
Stroma Av. *Can I* —2D **34**
Stroma Gdns. *Shoe* —6D **30**
Stromburg Rd. *Can I* —3C **34**
Stromness Pl. *Sth S* —5G **29**
Stromness Rd. *Sth S* —4G **29**
Struan Av. *Stan H* —7G **21**
Stuart Clo. *Can I* —4F **35**
Stuart Clo. *Gt W* —1F **31**
Stuart Clo. *Sth S* —3E **28**
Stuart Rd. *Sth S* —3E **28**
Stuart Way. *Bill* —6J **3**
Stublands. *Bas* —6D **12**
Studland Av. *W'fd* —3B **4**

Sturrocks. *Bas* —2C **22**
Sudbrook Clo. *W'fd* —5F **5**
Sudbury Clo. *Hock* —7F **9**
Sudbury Rd. *Can I* —2C **34**
Sudeley Gdns. *Hock* —5D **8**
Suffolk Av. *Lgh S* —2H **27**
Suffolk Ct. *R'fd* —2C **18**
Suffolk Dri. *Bas* —6D **10**
Suffolk Wlk. *Can I* —4C **34**
Suffolk Way. *Can I* —4C **34**
Sugden Av. *W'fd* —4C **4**
Sullivan Way. *Lang H* —7C **10**
Summercourt Rd. *Wclf S* —5C **28**
Summerdale. *Bill* —5E **2**
Summerwood Clo. *Ben* —2J **25**
Sumpters Way. *Sth S* —6D **18**
Sunbury Ct. *Shoe* —2E **30**
Sunnedon. *Bas* —7B **12**
Sunnedon Ct. *Van* —7B **12**
Sunningdale. *Can I* —4G **35**
Sunningdale Av. *Lgh S* —4J **27**
Sunnybank Clo. *Lgh S* —6H **17**
Sunnyfield Gdns. *Hock* —5B **8**
Sunnymede Clo. *Ben* —6G **15**
Sunny Rd. *Hock* —6E **8**
Sunnyside. *Bas* —1B **20**
Sunnyside Av. *Bas* —1G **23**
Sun St. *Bill* —6E **2**
Surbiton Av. *Sth S* —5H **29**
Surbiton Rd. *Sth S* —4H **29**
Surig Rd. *Can I* —4E **34**
Surrey Av. *Lgh S* —2H **27**
Surrey Way. *Bas* —6D **10**
Susan Fielder Cotts. Can I —5E **34**
(off Kitkatts Rd.)
Sussex Clo. *Bas* —6D **10**
Sussex Clo. *Can I* —3E **34**
Sussex Ct. *Bill* —1F **3**
Sussex Way. *Bill* —1F **3**
Sussex Way. *Can I* —3E **34**
Sutcliffe Clo. *W'fd* —5F **5**
Sutherland Boulevd. *Lgh S*
—3D **26**
Sutherland Pl. *W'fd* —6F **5**
Sutton Ct. *Sth S* —3G **29**
Sutton Ct. Dri. *R'fd* —5D **18**
Sutton Rd. *R'fd & Sth S* —4D **18**
Suttons Rd. *Shoe* —5H **31**
Swains Ind. Est. *R'fd* —1B **18**
Swale Rd. *Ben* —7H **15**
Swallowcliffe. *Shoe* —3D **30**
Swallow Dale. *Bas* —1K **21**
Swallow Dri. *Ben* —3B **24**
Swallow Rd. *W'fd* —1E **4**
Swallows, The. *Bill* —7G **3**
Swanage Rd. *Sth S* —4F **29**
Swan Clo. *Bas* —6G **11**
Swan Ct. *Ben* —7B **14**
Swan La. *Runw & W'fd* —1F **5**
Swan Mead. *Bas* —1B **22**
Swans Grn. Clo. *Ben* —6G **15**
Swanstead. *Bas* —1C **22**
Swatchways. *Sth S* —7H **29**
Sweet Briar Av. *Ben* —3D **24**
Sweet Briar Dri. *Lain* —3F **11**
Sweetbriar Lodge. Can I —4C **34**
(off Link Rd.)
Sweyne Av. *Hock* —7G **9**
Sweyne Av. *Sth S* —4D **28**
Sweyne Clo. *Ray* —7F **7**
Sweyne Ct. *Ray* —2K **15**
Swinborne Ct. *Bas* —2F **13**
Swinborne Rd. *Bas* —3G **13**
Swingboat Ter. Sth S —6G **29**
(off Outing Clo.)
Sycamore Clo. *Can I* —5D **34**
Sycamore Ct. *W'fd* —3F **5**
Sycamore Gro. *Sth S* —3F **29**
Sycamores, The. *Bas* —6G **13**
Sydervelt Rd. *Can I* —4E **34**
Sydney Rd. *Ben* —1C **24**
Sydney Rd. *Lgh S* —3D **26**

Sykes Mead—Vanguards, The

Sykes Mead. *Ray* —3K **15**
Sylvan Clo. *Can I* —6F **35**
Sylvan Clo. *Lain* —6D **10**
Sylvan Ct. *Bas* —5B **10**
Sylvan Tryst. *Bill* —3F **3**
Sylvan Way. *Lain* —5B **10**
Sylvan Way. *Lgh S* —1C **26**
Symons Av. *Lgh S* —5G **17**

Tabora Av. *Can I* —3D **34**
Tailors Ct. *Sth S* —7D **18**
Taits. *Stan H* —5F **33**
Takely End. *Bas* —7J **11**
Takely Ride. *Bas* —7J **11**
Talbot Av. *Ray* —1J **15**
Talisman Wlk. *Bill* —1H **3**
Tallis Clo. *Stan H* —4C **32**
Tallis Rd. *Bas* —4F **11**
Talza Way. Sth S —5E **28**
  (off Victoria Plaza Shop. Cen.)
Tamarisk. *Ben* —1C **24**
Tanfield Dri. *Bill* —5E **2**
Tangham Wlk. *Bas* —5K **11**
Tangmere Clo. *W'fd* —5K **5**
Tankerville Dri. *Lgh S* —2F **27**
Tanswell Av. *Bas* —6F **13**
Tanswell Clo. *Bas* —6F **13**
Tanswell Ct. *Bas* —5F **13**
Tantelen Rd. *Can I* —3D **34**
Taranto Rd. *Can I* —5H **35**
Tasman Clo. *Corr* —3F **33**
Tattenham Rd. *Bas* —5D **10**
  (in two parts)
Tattersall Gdns. *Lgh S* —4C **26**
Taunton Dri. *Wclf S* —1K **27**
Taveners Grn. Clo. *W'fd* —5G **5**
Tavistock Dri. *Bill* —2D **2**
Tavistock Rd. *Bas* —4E **10**
Taylor Wlk. *Bas* —1D **20**
Tayside Way. *W'fd* —6F **5**
Teagles. *Bas* —6G **11**
Teigngrace. *Shoe* —4D **30**
Teignmouth Dri. *Ray* —6H **7**
Telese Av. *Can I* —5H **35**
Temple Clo. *Ben* —2B **26**
Temple Clo. *Bill* —2D **2**
Temple Clo. *Lain* —5E **10**
Temple Ct. *Sth S* —2G **29**
Temple Farm Ind. Est. *Sth S*
  —7E **18**
Templewood Ct. *Ben* —2K **25**
Templewood Rd. *Ben* —2K **25**
Temptin Av. *Can I* —5J **35**
Tendring Av. *Ray* —1G **15**
Tennyson Av. *Sth S* —3F **29**
Tennyson Clo. *Lgh S* —3C **26**
Tennyson Dri. *Bas* —7F **13**
Tensing Gdns. *Bill* —6E **2**
Tenterfields. *Pits* —4G **13**
Teramo Rd. *Can I* —5H **35**
Terence Webster Rd. *W'fd* —5G **5**
Terling. *Bas* —7K **11**
Terminal Clo. *Shoe* —5F **31**
Terminal Clo. Ind. Est. *Shoe*
  —5F **31**
Terminus Dri. *Bas* —1F **23**
Terms Av. *Can I* —3E **34**
Terni Rd. *Can I* —5H **35**
Terrace, The. *Ben* —5D **24**
Terrace, The. *Lgh S* —5G **27**
Terrace, The. *Shoe* —6F **31**
Tewkes Rd. *Can I* —3H **35**
Thackeray Row. *W'fd* —6F **5**
Thames Clo. *Corr* —4G **33**
Thames Clo. *Lgh S* —4D **26**
Thames Clo. *Ray* —3J **15**
Thames Cres. *Corr* —2H **33**
Thames Dri. *Lgh S* —4C **26**
Thames Haven Rd. *Corr* —4H **33**
Thameside Cres. *Can I* —5D **34**
Thames Rd. *Can I* —6D **34**

Thames View. *Bas* —4E **20**
Thamesview Ct. *Ben* —3B **26**
Thanet Grange. *Sth S* —7A **18**
Thear Clo. *Wclf S* —1A **28**
Thelma Av. *Can I* —4E **34**
Theobald's Ct. *Lgh S* —4E **26**
Theobald's Rd. *Lgh S* —4E **26**
Thetford Pl. *Bas* —3F **11**
Theydon. *Bas* —3D **12**
Theydon Cres. *Bas* —3D **12**
Thielen Rd. *Can I* —4E **34**
Third Av. *Bas* —2A **20**
Third Av. *Ben* —6G **15**
Third Av. *Can I* —4C **34**
Third Av. *Stan H* —3E **32**
Third Av. *W'fd* —5J **5**
Third Wlk. *Can I* —4C **34**
Thirlmere Rd. *Ben* —5E **14**
Thisselt Rd. *Can I* —3E **34**
Thistle Clo. *Lain* —3H **11**
Thistledown. *Bas* —6A **12**
Thistledown Ct. *Bas* —6A **12**
Thistley Clo. *Lgh S* —1H **27**
Thomas Dri. *Can I* —3C **34**
Thomasin Rd. *Bas* —3G **13**
Thomas Rd. *Bas* —5J **13**
Thompson Av. *Can I* —5K **35**
Thorington Av. *Ben* —6K **15**
Thorington Rd. *Ray* —3C **16**
Thornbridge. *Ben* —1B **24**
Thornbush. *Bas* —6G **11**
Thorndale. *Ben* —5H **15**
Thorndon Pk. Clo. *Lgh S* —7E **16**
Thorndon Pk. Cres. *Lgh S* —7D **16**
Thorndon Pk. Dri. *Lgh S* —7D **16**
Thorney Bay Beech Camp. *Can I*
  —6D **34**
Thorney Bay Rd. *Can I* —5D **34**
Thornford Gdns. *Sth S* —7D **18**
Thornhill. *Lgh S* —1G **27**
Thornton Way. *Bas* —6C **10**
Thorolds. *Bas* —2C **22**
Thorpe Bay Gdns. *Sth S* —6A **30**
Thorpe Clo. *Hock* —7F **9**
Thorpedene Av. *Hull* —1J **7**
Thorpedene Gdns. *Shoe* —5D **30**
Thorpe Esplanade. *Sth S* —7K **29**
Thorpe Gdns. *Hock* —7F **9**
Thorpe Hall Av. *Sth S* —3A **30**
Thorpe Hall Clo. *Sth S* —4A **30**
Thorpe Leas. *Can I* —6F **35**
Thorpe Rd. *Hock* —7F **9**
Thorrington Cross. *Bas* —6A **12**
Thors Oak. *Stan H* —5E **32**
Threshelford. *Bas* —1H **21**
Throwley Clo. *Bas* —7G **13**
Thundersley Chu. Rd. *Ben* —7D **14**
  (in two parts)
Thundersley Gro. *Ben* —7F **15**
Thundersley Pk. Rd. *Ben* —3D **24**
Thurlow Dri. *Sth S* —5K **29**
Thurlstone. *Ben* —7J **15**
Thurston Av. *Sth S* —4J **29**
Thynne Rd. *Bill* —5G **3**
Tickfield Av. *Sth S* —3D **28**
Tidworth Av. *Runw* —1G **5**
Tilburg Rd. *Can I* —4E **34**
  (in two parts)
Tillingham Grn. *Bas* —6C **10**
Tillingham Way. *Ray* —1G **15**
Tilney Turn. *Bas* —1C **22**
  (in two parts)
Timberlog Clo. *Bas* —6C **12**
Timberlog La. *Bas* —6C **12**
Timbermans View. *Bas* —1D **22**
Tinker's La. *R'fd* —4D **18**
Tinkler Side. *Bas* —6K **11**
Tintern Av. *Wclf S* —4A **28**
Tippersfield. *Ben* —1E **24**
Tiptree Clo. *Lgh S* —1H **27**
Tiptree Gro. *W'fd* —4F **5**
Tiree Chase. *W'fd* —6J **5**

Tithe, The. *W'fd* —5D **4**
Toledo Clo. *Sth S* —5F **29**
Toledo Rd. *Sth S* —5F **29**
Tollesbury Clo. *W'fd* —5G **5**
Tollgate. *Ben* —6J **15**
Tomkins Clo. *Stan H* —4C **32**
Tonbridge Rd. *Hock* —3F **9**
Tonge Rise. *Shoe* —5G **31**
Tongres Rd. *Can I* —4E **34**
Toppesfield Av. *W'fd* —6E **4**
Tornley Clo. *Lang H* —1B **20**
Torquay Clo. *Ray* —6H **7**
Torquay Dri. *Lgh S* —4G **27**
Torrington. *Shoe* —4D **30**
Torsi Rd. *Can I* —5H **35**
Totman Clo. *Ray* —4K **15**
Totman Cres. *Ray* —4K **15**
Toucan Clo. *Shoe* —3E **30**
Toucan Way. *Bas* —2J **21**
Tower Av. *Lain* —5E **10**
Tower Ct. *Wclf S* —6C **28**
Tower Ct. M. *Wclf S* —6C **28**
Towerfield Clo. *Shoe* —5E **30**
Towerfield Rd. *Shoe* —5E **30**
Towerfield Rd. Ind. Est. *Shoe*
  —5E **30**
Townfield Rd. *R'fd* —2D **18**
Townfield Wlk. *Gt W* —1E **30**
Towngate. *Bas* —6J **11**
Town Sq. *Bas* —6J **11**
Trafalgar Rd. *Shoe* —5D **30**
Trafalgar Way. *Bill* —2F **3**
Trafford Ho. *Lgh S* —3H **27**
Travers Way. *Bas* —6E **12**
Treecot Dri. *Lgh S* —1H **27**
Treelawn Dri. *Lgh S* —1H **27**
Treelawn Gdns. *Lgh S* —1H **27**
Trenders Av. *Ray* —5F **7**
Trenham Av. *Pits* —5G **13**
Trent Clo. *W'fd* —5D **4**
Tresco Way. *W'fd* —6H **5**
Treviria Av. *Can I* —4G **35**
Trevor Clo. *Bill* —7D **2**
Trewithen Ct. Ray —4C **16**
  (off Connaught Rd.)
Triangle, The. *Bas* —1D **20**
  (off High Rd.)
Trimley Clo. *Bas* —5A **12**
Trindehay. *Bas* —7G **11**
Trinder Way. *W'fd* —5D **4**
Trinity Av. *Wclf S* —6C **28**
Trinity Clo. *Bill* —7A **2**
Trinity Clo. *Lain* —6E **10**
Trinity Clo. *Ray* —3A **16**
Trinity Rd. *Bill* —7A **2**
Trinity Rd. *Ray* —3A **16**
Trinity Rd. *Sth S* —4G **29**
Trinity Wood Rd. *Hock* —3G **9**
Tripat Clo. *Stan H* —2K **33**
Triton Way. *Ben* —6G **15**
Truman Clo. *Bas* —6C **10**
Trumpeter Ct. *Bill* —4D **2**
Trunnions, The. *R'fd* —3D **18**
Truro Cres. *Ray* —6G **7**
Tudor Av. *Stan H* —3E **32**
Tudor Chambers. *Bas* —7F **13**
Tudor Clo. *Ben* —7F **15**
Tudor Clo. *Lgh S* —5E **16**
Tudor Clo. *Ray* —2B **16**
Tudor Ct. *Bas* —2H **11**
Tudor Gdns. *Lgh S* —2F **27**
Tudor Gdns. *Shoe* —5D **30**
Tudor Mans. *Pits* —7F **13**
Tudor Rd. *Can I* —5B **34**
Tudor Rd. *Lgh S* —5E **16**
Tudor Rd. *Wclf S* —3C **28**
Tudor Wlk. *W'fd* —4C **4**
Tudor Way. *Hock* —7F **9**
Tudor Way. *W'fd* —4C **4**
Tunbridge Av. *Sth S* —3E **28**
Tunbridge Rd. *Sth S* —3D **28**
Tunstall Clo. *Bas* —7G **13**

Turner Clo. *Shoe* —4F **31**
Turold Rd. *Stan H* —3E **32**
Turpins. *Bas* —5A **12**
Twain Ter. *W'fd* —6E **4**
Twinstead. *W'fd* —5G **5**
Twyford Av. *Gt W* —1G **31**
Twyzel Rd. *Can I* —4G **35**
Tye Comn. Rd. *Tye G* —7C **2**
Tyefields. *Pits* —5G **13**
Tyelands. *Bill* —7D **2**
Tyler Av. *Bas* —6E **10**
Tylers Av. *Bill* —2F **3**
Tylers Av. *Sth S* —5E **28**
Tylewood. *Ben* —3J **25**
Tylney Av. *R'fd* —1C **18**
Tyms Way. *Ray* —7J **7**
Tyrells. *Hock* —6D **8**
Tyrells, The. *Corr* —4G **33**
Tyrone Clo. *Bill* —7A **2**
Tyrone Rd. *Bill* —7A **2**
Tyrone Rd. *Sth S* —6A **30**
Tyrrel Dri. *Sth S* —5F **29**
Tyrrell Ct. *Bas* —6G **13**
Tyrrell Rd. *Ben* —3B **24**
Tyrrells Rd. *Bill* —7B **2**

Ullswater Rd. *Ben* —5E **14**
Ulster Av. *Shoe* —6C **30**
Ulting Way. *W'fd* —3J **5**
Ulverston Rd. *R'fd* —2J **9**
Una Rd. *Bas* —6K **13**
Undercliff Gdns. *Lgh S* —5H **27**
Underhill Rd. *Ben* —2E **24**
Underwood Sq. *Lgh S* —3E **26**
Union La. *R'fd* —2C **18**
Upland Clo. *Bill* —3E **2**
Upland Dri. *Bill* —3D **2**
Upland Rd. *Bill* —3D **2**
Upland Rd. *Lgh S* —5J **27**
Uplands Clo. *Ben* —2B **24**
Uplands Clo. *Hock* —6F **9**
Uplands Pk. Ct. *Ray* —1A **16**
Uplands Pk. Rd. *Ray* —7H **7**
Uplands Rd. *Ben* —2B **24**
Uplands Rd. *Hock* —6F **9**
Upper Av. *Bas* —3J **13**
Up. Lambricks. *Ray* —7J **7**
Up. Market Rd. *W'fd* —3F **5**
Up. Mayne. *Bas* —3G **11**
Up. Park Rd. *W'fd* —3F **5**
Upper Rd. *Cray H* —6A **4**
Upton Clo. *Stan H* —5D **32**
Upway. *Ray* —1K **15**
Upway, The. *Bas* —4A **12**
Urmond Rd. *Can I* —4E **34**
Uttons Av. *Lgh S* —5F **27**
Uxbridge Clo. *W'fd* —5H **5**

Vaagen Rd. *Can I* —4F **35**
Vadsoe Rd. *Can I* —3E **34**
Vale Av. *Sth S* —3E **28**
Valence Way. *Bas* —7E **10**
Valentines. *W'fd* —5F **5**
Vale, The. *Bas* —2B **22**
Vale, The. *Stock* —1H **3**
Valkyrie Rd. *Wclf S* —5B **28**
Vallance Clo. *Sth S* —2J **29**
Valley Rd. *Bill* —5F **3**
Valmar Av. *Stan H* —6B **32**
Vanderbilt Av. *Ray* —3G **7**
Vanderwalt Av. *Can I* —5H **35**
Van Diemens Pass. *Can I* —5K **35**
Vange Bells Corner. *Fob* —4K **21**
Vange By-Pass. *Bas* —3A **22**
Vange Corner Dri. *Van* —4K **21**
Vange Hill Ct. *Bas* —2C **22**
Vange Hill Dri. *Bas* —7J **13**
Vange Pk. Rd. *Van* —3K **21**
Vanguards, The. *Shoe* —5F **31**
  (in two parts)

Vanguard Way. *Shoe* —5F **31**
Vanguard Way Ind. Est. *Shoe*
—5E **30**
Vardon Dri. *Lgh S* —2C **26**
Vaughan Av. *Sth S* —4H **29**
Vaughan Clo. *R'fd* —6K **9**
Vaughan Williams Rd. *Bas* —4E **10**
Vaulx Rd. *Can I* —4F **35**
Venables Clo. *Can I* —4G **35**
Venables Ct. *Can I* —4G **35**
Venlo Rd. *Can I* —3F **35**
Vera Rd. *D'ham* —1C **4**
Verlander Dri. *Ray* —4F **7**
Vermeer Cres. *Shoe* —4G **31**
Vermont Clo. *Bas* —4G **13**
Vernon Av. *Ray* —7F **7**
Vernon Ct. *Lgh S* —4E **26**
Vernon Rd. *Lgh S* —4E **26**
Vernons Wlk. *Bas* —4D **12**
Vestry Clo. *Lain* —5E **10**
Vicarage Clo. *Can I* —5B **34**
Vicarage Clo. *Lain* —6E **10**
Vicarage Hill. *Ben* —4D **24**
Viceroy Ct. *Wclf S* —6K **27**
Vickers Rd. *Sth S* —6B **18**
Victor Av. *Bas* —6H **13**
Victor Dri. *Lgh S* —5H **27**
Victor Gdns. *Hock* —6F **9**
Victoria Av. *Lang H* —2E **20**
Victoria Av. *Ray* —7F **7**
Victoria Av. *Sth S* —2C **28**
Victoria Av. *W'fd* —3E **4**
Victoria Clo. *Bas* —5D **10**
Victoria Ct. Wclf S —6C **28**
(off Tower Ct. M.)
Victoria Cres. *Lain* —4D **10**
Victoria Cres. *W'fd* —4D **4**
Victoria Dri. *Gt W* —2J **31**
Victoria Dri. *Lgh S* —4G **27**
Victoria Plaza Shop. Cen. *Sth S*
—5E **28**
Victoria Rd. *Lain* —5C **10**
Victoria Rd. *Lgh S* —5G **27**
Victoria Rd. *Ray* —1A **16**
Victoria Rd. *Sth S* —5G **29**
Victoria Rd. *Stan H* —6C **32**
Victoria Rd. *Van* —3B **22**
Victor M. Clo. *W'fd* —6F **5**
Victory Clo. *W'fd* —6J **5**
Victory Path. *Wclf S* —5K **27**
Vikings Way. *Can I* —5B **34**
Viking Way. *Runw* —1F **5**
Village Dri. *Can I* —5C **34**
Village Hall Clo. *Can I* —5B **34**
Villa Rd. *Ben* —1B **24**
Villiers Way. *Ben* —7F **15**
Vincent Av. *Horn H* —4A **32**
Vincent Clo. *Corr* —4H **33**
Vincent Clo. *Shoe* —5E **30**
Vincent M. *Shoe* —5E **30**
Vincent Rd. *Hock* —2H **9**
Vincent Way. *Bill* —2D **2**
Vintners, The. *Sth S* —7D **18**
Virginia Clo. *Ben* —5B **14**
Vista Rd. *W'fd* —4H **5**
Voorburg Rd. *Can I* —5H **35**
Voorne Av. *Can I* —6H **35**
Vowler Rd. *Bas* —1D **20**
Voysey Gdns. *Bas* —3F **13**

Waalwyk Dri. *Can I* —4G **35**
Waarden Rd. *Can I* —4E **34**
Waarem Av. *Can I* —4E **34**
Wadey Clo. *Bas* —5G **11**
Wadham Pk. Av. *Hock* —2A **8**
Wakefield Av. *Bill* —5E **2**
Wakering Av. *Shoe* —5G **31**
Wakering Rd. *Shoe* —4G **31**
Wakering Rd. *Sth S* —2A **30**
Wakescolne. *W'fd* —5J **5**
Waldegrave. *Bas* —7K **11**

Waldring Field. *Bas* —5K **11**
Walker Dri. *Lgh S* —3C **26**
Walkers Sq. *Stan H* —6D **32**
Walkey Way. *Shoe* —5G **31**
Walk, The. *Bill* —6E **2**
Walkways. *Can I* —3D **34**
Wallace Dri. *W'fd* —6G **5**
Wallace St. *Shoe* —5F **31**
Waller Pl. *Can I* —4D **34**
Wallis Av. *Sth S* —3D **28**
Wall Rd. *Can I* —5K **35**
Walnut Ct. *Hock* —4E **8**
Walpole Wlk. Ray —2C **16**
(off Bramfield Rd. E.)
Walsingham Clo. *Lain* —5E **10**
Walsingham Rd. *Sth S* —2F **29**
Walsingham Way. *Bill* —2F **3**
Walters Clo. *Lgh S* —6G **17**
Waltham Ct. *Wclf S* —5A **28**
Waltham Cres. *Sth S* —2F **29**
Waltham Rd. *Ray* —1H **15**
Walthams. *Pits* —5F **13**
Walthams Pl. *Pits* —5F **13**
Walton Ct. *Bas* —4E **10**
Walton Rd. *Sth S* —7K **29**
Wambrook. *Shoe* —3D **30**
Wamburg Rd. *Can I* —4J **35**
Wansfell Gdns. *Sth S* —4K **29**
Warburtons. *Stan H* —4G **33**
Warner Clo. *Bill* —6H **3**
Warners Bri. Chase. *R'fd* —6D **18**
Warners Gdns. *Sth S* —6C **18**
Warren Chase. *Ben* —1G **25**
Warren Clo. *Ray* —4J **15**
Warren Clo. *Stan H* —6D **32**
Warren Dri. *W'fd* —3J **5**
Warren Rd. *Lgh S* —2C **26**
Warren, The. *Bill* —3C **2**
Warren, The. *Stan H* —7E **32**
Warrington Sq. *Bill* —4C **2**
Warrior Sq. *Sth S* —5E **28**
Warrior Sq. E. *Sth S* —5E **28**
Warrior Sq. N. *Sth S* —5E **28**
Warrior Sq. Rd. *Shoe* —7F **31**
Warwick Clo. *Ben* —5D **14**
Warwick Clo. *Can I* —3E **34**
Warwick Clo. *Ray* —3B **16**
Warwick Dri. *R'fd* —5D **18**
Warwick Gdns. *Ray* —3B **16**
Warwick Grn. *Ray* —3C **16**
Warwick Pl. *Lang H* —1B **20**
Warwick Rd. *Ray* —3A **16**
(in two parts)
Warwick Rd. *Sth S* —7K **29**
Washington Av. *Lain* —6C **10**
Wash Rd. *Bas* —2E **10**
(in two parts)
Waterdene. *Can I* —3C **34**
Waterfalls, The. *Lang H* —2D **20**
Waterford Rd. *Shoe* —6D **30**
Waterhale. *Sth S* —3A **30**
Waterloo Rd. *Shoe* —5D **30**
Waters Edge. *Wclf S* —6B **28**
Waterside. *Sth S* —7H **29**
Waterville Dri. *Van* —1E **22**
Waterworks La. *Fob* —7A **22**
Watery La. *Raw* —2F **7**
Watkins Clo. *Burnt M* —3H **13**
Watkins Way. *Shoe* —3F **31**
Watlington Rd. *Ben* —3B **24**
Watson Clo. *Shoe* —5D **30**
Watts La. *R'fd* —3D **18**
Waverley Cres. *W'fd* —1E **4**
Waverley Rd. *Bas* —3G **11**
Waverley Rd. *Ben* —7C **14**
Wavertree Rd. *Ben* —1B **24**
Waxwell Rd. *Hull* —1J **7**
Wayletts. *Lain* —4C **10**
Wayletts. *Lgh S* —6D **16**
Weald, The. *Can I* —4C **34**
Weare Gifford. *Shoe* —4C **30**
Weaverdale. *Shoe* —3E **30**

Weavers. *Bas* —1D **22**
Weavers Clo. *Bill* —5F **3**
Webster Rd. *Stan H* —5E **32**
Websters Way. *Bas* —2K **15**
Wedds Way. *Gt W* —1H **31**
Wedgwood Ct. *R'fd* —5K **9**
Wedgwood Way. *R'fd* —5J **9**
Weelkes Clo. *Stan H* —4C **32**
Weel Rd. *Can I* —6H **35**
Weir Farm Rd. *Ray* —4J **15**
Weir Gdns. *Ray* —4J **15**
Weir Pond Rd. *R'fd* —2D **18**
Weir Wynd. *Bill* —6E **2**
Welbeck Clo. *Hock* —7F **9**
Welbeck Dri. *Bas* —1C **20**
Welbeck Rise. *Bas* —1C **20**
Welbeck Rd. *Can I* —6E **34**
Welch Clo. *Sth S* —3J **29**
Welcome Ct. *Stan H* —6C **32**
Wellingbury. *Ben* —7C **14**
Wellington Av. *Hull* —3H **7**
Wellington Av. *Wclf S* —4J **27**
Wellington M. *Bill* —2E **2**
Wellington Rd. *Hock* —2F **9**
Wellington Rd. *Ray* —7K **7**
Well Mead. *Bill* —6A **2**
Wells Av. *Sth S* —6B **18**
Wellsfield. *Ray* —7J **7**
Wells Gdns. *Bas* —4D **12**
Wellstead Gdns. *Wclf S* —2K **27**
Wellstye Grn. *Bas* —4C **12**
Wendene. *Bas* —1D **22**
Wendon Clo. *R'fd* —7J **9**
Wenham Dri. *Wclf S* —3C **28**
Wensley Rd. *Ben* —1H **25**
Wentworth Rd. *Sth S* —2E **28**
Wesley Ct. *Sth S* —5F **29**
Wesley Gdns. *Bill* —2D **2**
Wesley Rd. *Sth S* —5F **29**
Wessem Rd. *Can I* —3F **35**
West Av. *Hull* —1G **7**
West Av. *Lang H* —1A **20**
W. Beech Av. *W'fd* —4F **5**
W. Beech Clo. *W'fd* —4G **5**
Westborough Rd. *Wclf S* —3K **27**
Westbourne Clo. *Ben* —7K **15**
Westbourne Clo. *Hock* —4G **9**
Westbourne Gdns. *Bill* —2F **3**
Westbourne Gro. *Wclf S* —4K **27**
Westbury. *R'fd* —7J **9**
Westbury Rd. *Sth S* —3G **29**
Westcliff Av. *Wclf S* —6C **28**
Westcliff Dri. *Lgh S* —4F **27**
Westcliff Gdns. *Can I* —6J **35**
Westcliff Pde. *Wclf S* —6C **28**
Westcliff Pk. Dri. *Wclf S* —4B **28**
W. Cloister. *Bill* —5F **3**
West Cres. *Can I* —4D **34**
W. Croft. *Bill* —6F **3**
Westerings, The. *Hock* —6E **8**
Westerland Av. *Can I* —4H **35**
Western Approaches. *Sth S*
—5J **17**
Western Esplanade. *Can I* —6F **35**
Western Esplanade. *Wclf S &
Sth S* —6A **28**
Western M. *Bill* —5E **2**
Western Rd. *Ben* —6A **16**
Western Rd. *Bill* —6D **2**
Western Rd. *Lgh S* —4C **26**
Western Rd. *Ray* —4H **15**
Westfield. *Bas* —4C **10**
Westfield Clo. *Ray* —6F **7**
Westfield Clo. *W'fd* —3H **5**
Westfleet Trad. Est. *W'fd* —5H **5**
Westgate. *Bas* —4C **10**
West Grn. *Ben* —7B **14**
West Hook. *Bas* —2B **20**
Westlake Av. *Bas* —6J **13**
Westleigh Av. *Lgh S* —3F **27**
Westleigh Ct. Lgh S —3F **27**
(off Westleigh Av.)

Westley Rd. *Bas* —3E **20**
Westman Rd. *Can I* —5J **35**
W. Mayne. *Bas* —4A **10**
Westmayne Ind. Pk. *Lain* —6A **10**
Westmede. *Bas* —1E **20**
Westminster Dri. *Hock* —5C **8**
Westminster Dri. *Wclf S* —4K **27**
Weston Chambers. Sth S —6E **28**
(off Weston Rd.)
Weston Rd. *Sth S* —6E **28**
W. Park Av. *Bill* —4E **2**
W. Park Cres. *Bill* —5E **2**
W. Park Dri. *Bill* —5E **2**
W. Point Pl. *Can I* —5A **34**
W. Ridge. *Bill* —7E **2**
West Rd. *Shoe* —5D **30**
West Rd. *Sth S* —4B **28**
West St. *Lgh S* —5G **27**
West St. *R'fd* —2C **18**
West St. *Sth S* —3C **28**
W. Thorpe. *Bas* —6A **12**
W. View Dri. *Ray* —3H **15**
Westwater. *Ben* —1B **24**
Westway. *Shoe* —6E **30**
Westwood Clo. *Ben* —1J **25**
Westwood Ct. *Ben* —1K **25**
Westwood Gdns. *Ben* —1K **25**
Westwood Lodge. *Ben* —7J **15**
Westwood Rd. *Can I* —5F **35**
Wetherland. *Bas* —7H **11**
Wethersfield Clo. *Ray* —1G **15**
Wethersfield Way. *W'fd* —6K **5**
Weybourne Clo. *Sth S* —2F **29**
Weybourne Gdns. *Sth S* —2F **29**
Weybridge Wlk. *Shoe* —3E **30**
Weydale. *Corr* —2H **33**
Weymarks. *Bas* —5F **11**
Wharf Clo. *Stan H* —6D **32**
Wharf La. *Bas* —3D **22**
Wharf Rd. *Fob* —3K **33**
Wharf Rd. *Stan H* —6D **32**
Wheatear Pl. *Bill* —6G **3**
Wheatfield Way. *Bas* —2C **20**
Wheatley Clo. *R'fd* —7K **9**
Wheatley Rd. *Corr* —2H **33**
Wheelers La. *Stan H* —2K **33**
Wheelwrights, The. *Sth S* —7E **18**
Whernside Av. *Can I* —3G **35**
Whinhams Way. *Bill* —4D **2**
Whist Av. *W'fd* —2H **5**
Whistler Rise. *Shoe* —4G **31**
Whitcroft. *Bas* —2E **20**
Whitefriars Cres. *Wclf S* —5A **28**
Whitegate Rd. *Sth S* —5E **28**
Whitehall La. *Stan H* —6A **22**
White Hall Rd. *Gt W* —1H **31**
White Hart La. *Hock* —6E **8**
White Ho. Chase. *Ray* —3A **16**
Whitehouse Meadows. *Lgh S*
—6J **17**
Whitehouse Pde. *W'fd* —5B **4**
White Ho. Rd. *Lgh S* —6H **17**
Whitelands Clo. *W'fd* —2G **5**
White Rd. *Can I* —5A **34**
Whiteshott. *Bas* —1J **21**
Whitesmith Dri. *Bill* —4C **2**
Whiteways. *Bill* —5J **3**
Whiteways. *Can I* —6H **35**
Whiteways. *Lgh S* —6H **17**
Whitfields. *Stan H* —5F **33**
Whitmore Ct. *Bas* —4C **12**
Whitmore Way. *Bas* —5K **11**
Whittingham Av. *Sth S* —3J **29**
Whittingham Ho. *Sth S* —3J **29**
Whittle Wlk. *Bas* —5C **12**
Whitwell Clo. *Stan H* —7C **32**
Whybrews. *Stan H* —5F **33**
Whytewaters. *Bas* —2D **22**
Wick Beech Av. *W'fd* —4G **5**
Wick Cen., The. *W'fd* —6H **5**
Wick Chase. *Sth S* —3K **29**
Wick Cres. *W'fd* —6G **5**

Wick Dri. *W'fd* —6G **5**
(Cranfield Pk. Rd.)
Wick Dri. *W'fd* —4F **5**
(Nevendon Rd.)
Wickford Av. *Bas* —6E **12**
Wickford Ct. *Bas* —6E **12**
Wickford M. *Bas* —6E **12**
Wickford Pl. *Bas* —6E **12**
Wickford Rd. *Wclf S* —6C **28**
Wick Glen. *Bill* —3D **2**
Wickham Pl. *Bas* —7A **12**
Wickhay. *Bas* —7H **11**
Wick La. *W'fd* —4G **5**
(in two parts)
Wicklow Wlk. *Shoe* —5C **30**
Wickmead Clo. *Sth S* —3J **29**
Widgeons. *Pits* —6G **13**
Wiggin's La. *L Bur & Bill* —7C **2**
Wilkin Ct. *Lgh S* —3F **27**
William Rd. *Bas* —6K **13**
Williamsons Way. *Corr* —2F **33**
Willingale Av. *Ray* —1G **15**
Willingales, The. *Bas* —6C **10**
Willingale Way. *Sth S* —3A **30**
Willmott Rd. *Sth S* —6B **18**
Willow Clo. *Can I* —5D **34**
Willow Clo. *Hock* —5F **9**
Willow Clo. *Lgh S* —6H **17**
Willow Clo. *Ray* —7H **7**
Willowdale Cen. *W'fd* —3F **5**
Willow Dri. *Ray* —7G **7**
Willowfield. *Lain* —4E **10**
Willowhill. *Stan H* —2E **32**
Willows, The. *Bas* —6G **13**
Willows, The. *Ben* —1B **24**
Willows, The. *Bill* —6B **2**
Willows, The. *Sth S* —3A **30**
Willow Wlk. *Ben* —2K **25**
Willow Wlk. *Hock* —5F **9**
Wills Hill. *Stan H* —4D **32**
Wilmslowe. *Can I* —3H **35**
Wilrich Av. *Can I* —5H **35**
Wilsner. *Pits* —5G **13**
Wilson Clo. *Stan H* —7C **32**
Wilson Ct. *W'fd* —5E **4**
Wilson Rd. *Sth S* —6D **28**
Wimarc Cres. *Ray* —7F **7**
Wimbish Ct. *Bas* —5F **13**
Wimbish End. *Bas* —6F **13**
Wimbish M. *Bas* —5F **13**
Wimborne Rd. *Sth S* —4F **29**
Wimbourne. *Bas* —5C **10**
Wimhurst Clo. *Hock* —4E **8**
Winbrook Clo. *Ray* —4A **16**
Winbrook Rd. *Ray* —4A **16**

Winchcombe Clo. *Lgh S* —2G **27**
Winchester Clo. *Lgh S* —5H **17**
Winchester Dri. *Ray* —5F **7**
Winchester Gdns. *Bas* —3E **10**
Winchester Way. *Bas* —5D **12**
Wincoat Clo. *Ben* —2C **24**
Wincoat Dri. *Ben* —2C **24**
Windermere Av. *Hull* —1G **7**
Windermere Rd. *Ben* —5E **14**
Windermere Rd. *Sth S* —5G **29**
Windmill Heights. *Bill* —7F **3**
Windmill Steps. Sth S —6G **29**
(off Kursaal Way)
Windsor Av. *Corr* —2G **33**
Windsor Clo. *Can I* —5F **35**
Windsor Gdns. *Ben* —1J **25**
Windsor Gdns. *Hock* —7H **9**
Windsor Gdns. *W'fd* —2F **5**
Windsor M. *Ray* —3J **15**
Windsor Rd. *Bas* —4J **13**
Windsor Rd. *Wclf S* —4C **28**
Windsor Way. *Ray* —3A **16**
Winfields. *Pits* —5G **13**
Winifred Rd. *Bas* —6F **13**
Winnowers Ct. *R'fd* —3D **18**
Winsford Gdns. *Wclf S* —1J **27**
Winstanley Way. *Bas* —4J **11**
Winstree. *Bas* —4F **13**
Winter Folly. *Lain* —7G **11**
Winter Gdns. Path. *Can I* —1C **34**
Winterswyk Av. *Can I* —5J **35**
Winton Av. *Wclf S* —6C **28**
Winton Av. *W'fd* —3C **4**
Winton Lodge. *Wclf S* —4A **28**
Wiscombe Hill. *Bas* —2E **20**
Witchards. *Bas* —7K **11**
Withypool. *Shoe* —3D **30**
Wittem Rd. *Can I* —3F **35**
Witterings, The. *Bas* —7C **12**
Witterings, The. *Can I* —3E **34**
Woburn Pl. *Bill* —2D **2**
Wollaston Cres. *Bas* —2H **13**
Wollaston Way. *Burnt M* —2G **13**
Wood Av. *Hock* —3E **8**
Woodberry Clo. *Can I* —2E **34**
Woodberry Clo. *Lgh S* —7E **16**
Woodberry Rd. *W'fd* —5J **5**
Woodbrook Cres. *Bill* —4E **2**
Woodbrooke Way. *Corr* —2H **33**
Woodburn Clo. *Ben* —1J **25**
(in two parts)
Woodcote App. *Ben* —5B **14**
Woodcote Cres. *Bas* —6H **13**
Woodcote Rd. *Lgh S* —3J **27**
Woodcotes. *Shoe* —3E **30**

Woodcote Way. *Ben* —5B **14**
Woodcroft Clo. *Ben* —1J **25**
Woodcutters Av. *Lgh S* —7F **17**
Wood End. *Hock* —6D **8**
Wood End Clo. *Ben* —1J **25**
Wood Farm Clo. *Lgh S* —1F **27**
Woodfield. *W'fd* —5F **5**
Woodfield Gdns. *Lgh S* —5H **27**
Woodfield Pk. Dri. *Lgh S* —4J **27**
Woodfield Rd. *Had* —3B **26**
Woodfield Rd. *Lgh S* —4J **27**
Woodgrange Av. *Bas* —2E **20**
Woodgrange Clo. *Sth S* —5J **29**
Woodgrange Dri. *Sth S* —6G **29**
Wood Grn. *Bas* —3F **13**
Woodham Pk. Dri. *Ben* —3B **24**
Woodham Rd. *Ben* —3B **24**
Woodhams Way. *R'fd* —2E **18**
Woodhays. *Bas* —6G **13**
Woodhurst Rd. *Can I* —5C **34**
Woodland Clo. *Ben* —2B **26**
Woodlands Av. *Bas* —2C **20**
Woodlands Av. *Ray* —4A **16**
Woodlands Clo. *Bas* —1D **22**
Woodlands Clo. *Hock* —6D **8**
Woodlands Clo. *Ray* —4K **15**
Woodlands Dri. *Fob* —4A **22**
Woodlands Pk. *Lgh S* —2C **26**
Woodlands Rd. *Hock* —6D **8**
Woodlands Rd. *W'fd* —4F **5**
Woodlands, The. *Shoe* —4F **31**
Woodleigh Av. *Lgh S* —2F **27**
Woodley Wlk. *Shoe* —2E **30**
Woodlow. *Ben* —6H **15**
Woodmanhurst Rd. *Corr* —2F **33**
Woodpond Av. *Hock* —6D **8**
Woodside. *Lgh S* —6D **16**
Woodside Av. *Ben* —4B **14**
Woodside Chase. *Hock* —7E **8**
Woodside Clo. *Lgh S* —6D **16**
Woodside Cotts. *Bill* —2H **3**
Woodside Ct. *Lgh S* —7D **16**
Woodside Rd. *Hock* —2F **9**
(Cavendish Rd.)
Woodside Rd. *Hock* —6B **8**
(Hillside Rd.)
Woodside View. *Ben* —4C **14**
Woods, The. *Ben* —2B **26**
Woodstock Cres. *Hock* —5D **8**
Woodstock Cres. *Lain* —6B **10**
Woodstock Gdns. *Lain* —6B **10**
Woodview. *Lang H* —1A **20**
Woodville Clo. *R'fd* —1B **18**
Woodville Rd. *Can I* —5H **35**
Woolifers Av. *Corr* —3H **33**

Woolmergreen. *Bas* —5F **11**
(in two parts)
Woolpack. *Shoe* —5D **30**
Woolshots Cotts. *Bill* —4A **4**
Woolshots Rd. *W'fd* —4B **4**
Worcester Clo. *Lang H* —7B **10**
Worcester Clo. *Stan H* —4D **32**
Worcester Dri. *Ray* —3B **16**
Wordsworth Clo. *Sth S* —3F **29**
Worthing Rd. *Bas* —6C **10**
Wrackhall Ct. Can I —6J **35**
(off Gafzelle Dri.)
Wraysbury Dri. *Bas* —3F **11**
Wren Av. *Lgh S* —5F **17**
Wren Clo. *Ben* —6B **14**
Wren Clo. *Bill* —6G **3**
Wren Clo. *Lgh S* —5F **17**
Wrexham Rd. *Bas* —7D **10**
Writtle Wlk. *Bas* —5C **12**
Wroxham Clo. *Lgh S* —6D **16**
Wyatts Dri. *Sth S* —6J **29**
Wyburn Rd. *Ben* —6K **15**
Wyburns Av. *Ray* —4A **16**
Wyburns Av. E. *Ray* —4A **16**
Wych M. *Lain* —3E **10**
Wycombe Av. *Ben* —6A **14**
Wykeham Rd. *Bas* —4H **13**
Wykes Grn. *Bas* —5B **12**
Wynters. *Bas* —1K **21**
Wythams. *Pits* —5G **13**
Wythefield. *Bas* —7E **12**

Yamburg Rd. *Can I* —5H **35**
Yardeley. *Lain* —6G **11**
Yarnacott. *Shoe* —4C **30**
Yeovil Chase. *Wclf S* —1K **27**
Yew Clo. *Lain* —3E **10**
York Av. *Corr* —2G **33**
York Clo. *Ray* —4C **16**
York Rise. *Ray* —4C **16**
York Rd. *Bill* —2E **2**
York Rd. *Ray* —4C **16**
York Rd. *R'fd* —4J **9**
York Rd. *Sth S* —6E **28**
Young Clo. *Lgh S* —6J **17**

Zandi Rd. *Can I* —6H **35**
Zealand Dri. *Can I* —5J **35**
Zelham Dri. *Can I* —5K **35**
Zider Pass. *Can I* —5K **35**
Zuidorp Rd. *Can I* —5J **35**

Every possible care has been taken to ensure that the information given in this publication is accurate and whilst the publishers would be grateful to learn of any errors, they regret they cannot accept any responsibility for loss thereby caused.

The representation on the maps of a road, track or footpath is no evidence of the existence of a right of way.

The Grid on this map is the National Grid taken from the Ordnance Survey map with the permission of the Controller of Her Majesty's Stationery Office.

Copyright of Geographers' A-Z Map Co. Ltd.

No reproduction by any method whatsoever of any part of this publication is permitted without the prior consent of the copyright owners.